기초에서 모아치기까지

당구 교본

전원편집실 엮음

머 리 말

　근년에 이르러 레저 스포츠를 즐기는 사람이 퍽 많아졌다.
　그 중에서도 당구는 특히 젊은이들 사이에서 이제 조용한 부움을 일으키고 있다. 이는 당구가 다른 레저 스포츠에 비해 비용이 싸다는 점과 당구장에 가는데 별로 시간이 걸리지 않은 것, 그리고 육체적 피로가 적은 것 등 누구나 부담없이 즐길 수 있다는 점일 것이다.
　그러나, 당구에서는 골프나 보울링 등과 같이 언제나 전임 코오치나 지도원으로부터 초보적인 가르침을 받는 경우가 적기 때문에 자칫 제나름대로의 타성이 굳어지기가 쉽다.
　그토록 버릇이 일단 굳어지면 고도의 실기를 발휘할 수 없게 된다. 어느 것이든 항상 기본을 충실히 지키는 데에 향상의 비결이 있는 것이다.
　그래서 이 책에서는 당구를 전혀 처음 시작해 보려는 사람 또는 전에 몇 차례의 경험은 있었으나 제대로 되지 않는다 하여 단념한 사람들을 위해 그림과 사진을 풍부히 구사하여 눈으로 보아 금방 이해할 수 있도록 초심자 전용의 입문서로 꾸몄다.
　그런 의미에서 높은 수준의 테크닉이나 어려운 용어, 역사 따위는 제외하고 단기간에 향상될 수 있도록 꾸며져 있다.
　본서를 레저의 벗으로 삼아 즐거운 당구의 참 맛을 느껴 주기를 바란다.

편자 식

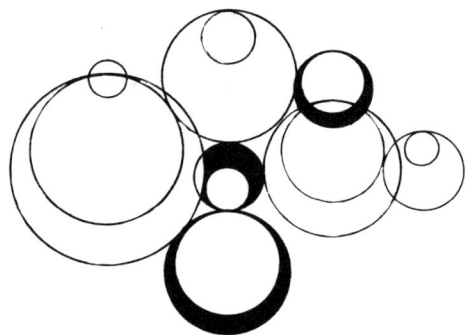

차 례

머리말

제1장 당구의 기초지식

1. 당구 경기의 종류 ·· 8
   - 4구(球) 경기   9
   - 보클라인 경기   12
   - 캐논 볼 경기   13
   - 3구(球) 경기   14
   - 드리이 쿠션 경기   16
   - 일할제(一割制) 경기   18
2. 뱅킹에 대하여 ·· 19
3. 지점(持點)에 대하여 ·· 20
4. 채점 방법에 대하여 ·· 21
5. 당구 용구에 대하여 ·· 22
   - 당구대(빌리어드 테이블)   23
   - 큐   23
   - 공(볼)   24
   - 쵸크   25
   - 브리지(레스트)   25
6. 반칙 규정에 대하여 ·· 25
   - 공 터치   26
   - 미스 점프   26
   - 리 쿠   26
   - 공 착오   26
   - 표지를 놓는다   26
   - 공이 구대 바깥으로 튀어 나갔을 때   27
   - 기타 사항   27
7. 알아둘 용어 ·· 28

제2장 향상의 갈림길 자세와 동작

1. 올바른 자세 ·· 33

2. 눈길(視線) ··· 38
3. 큐 잡는 법, 다루는 법 ·· 40
4. 브리지 만드는 법 ··· 44

제3장 기초 기술편

1. 공의 회전 운동 ·· 52
2. 타구할 때 힘의 가늠 ··· 56
   - 세게 치는 경우　56
   - 약하게 치는 경우　57
3. 수구와 쿠션 ··· 58
4. 수구와 적구의 두껍기 ··· 63
   - 얇은 공 치는 법　67
   - 얇게 쳤을 때 수구의 진행 방향　68
   - 적구의 겨냥법[1]~[2]　69

제4장 실기편

- 삼각구(이지 볼) 잡는 법[1]~[4]　72
- 비틀어치기[1]~[2]　76
- 반사구(反射球) 타구법[1]~[2]　78
- 걸쳐치기[1]~[2]　80
- 공(空) 쿠션 잡는 법과 겨냥법[1]~[4]　82
- 원거리의 밀어치기 타구법　86
- 근거리의 밀어치기 타구법　87
- 쿠션을 이용한 밀어치기 타구법　88
- 끌(어치)기의 연습[1]~[2]　89
- 끌(어치)기의 겨냥법　91
- 쿠션을 이용한 끌(어치)기 타구법[1]~[2]　92
- 끌(어치)기 타구법[1]~[2]　94
- 밀어마중나오기 타구법[1]~[3]　96

- 공(球) 쿠션 잡기〔1〕~〔3〕　99
- 투우 쿠션 잡는 법　102
- 드리이 쿠션 잡는 법　103
- 밀어치기로 잡는 법〔1〕~〔3〕　104

제 5 장　고급 기술편

1. 모아치기 ··· 108
   - 모아치기의 방법〔1〕~〔20〕　109
2. 맛　세 ·· 129
   - 맛세로 치는 각도　131
   - 맛세의 겨냥법〔1〕~〔5〕　132
3. 세　리 ·· 137
   - 세리로 치는 법〔1〕~〔3〕　138

제 6 장　포켓 경기편

- 포켓 경기의 용구와 종류　142
- 포켓 볼 경기의 서브 방법　143

1. 로테이션 경기 ··· 144
2. 에이트 볼 경기 ··· 145
3. 14-1 래그 경기 ·· 148
   - 끌어치기 응용의 타구법　152
   - 밀어치기 응용의 타구법　153
   - 반사구(反射球)치기 응용의 타구법　154
   - 얇게치기 응용의 타구법　155
   - 벙크 타구법　156
   - 캐논 타구법　157
   - 쿠션에 잇닿은 볼의 타구법　158
   - 걸쳐치기 응용의 타구법　159

제 1 장

당구의 기초 지식

1 당구 경기의 종류

　당구의 역사는 상당히 오래 되었다. 그러나, 이것이 당구의 시작이라는 확실한 자료는 아직 없으며, 지금으로부터 약 550여 년 전에 '빌리어드' 라는 말이 일상 생활 중에 쓰이고 있었다.
　빌리어드(撞球)는 프랑스가 발생지라 되어 있으나 아직 그 확실성은 확인되어 있지 않다. 대체로 전 세계로 보급된 것은 1850년 경부터이며 1900년에 들어서 세계의 선수권대회를 열게 되었다.
　당구의 경기를 대별하면 4구(球) 경기, 3구(球) 경기, 드리이쿠션 경기, 일할제 경기, 포켓 경기 등이 된다. 이 중에서도 압도적으로 많이 하고 있는 것이 4구 경기이다. 여기서는 4구 경기를 중심으로 설명하기로 한다.

✣ 4구(球) 경기 ✣

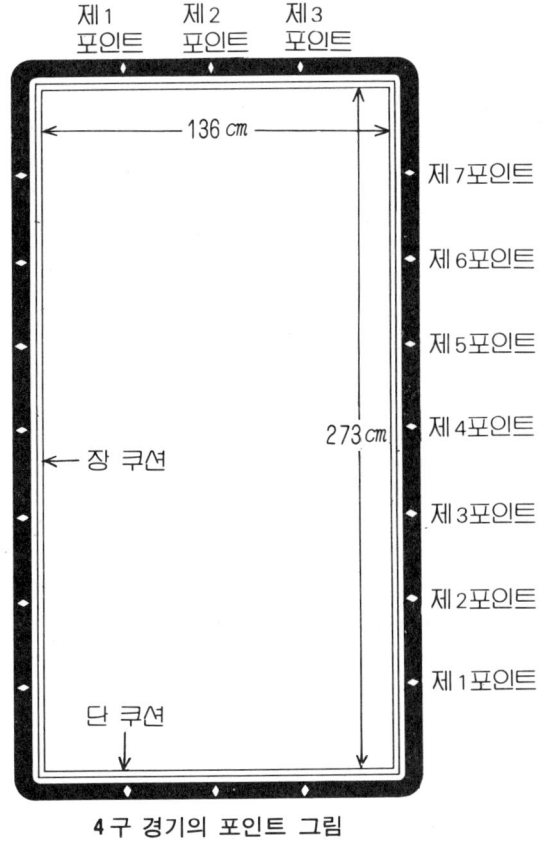

4구 경기의 포인트 그림

이것은 가장 일반적인 경기이다. 그러나 구미 각국에서는 현재 이 4구 경기는 하지 않게 되었다. 왜냐 하면 공을 전부 한 군데로 모아서(이른바, 세리의 기법으로)제한 없이 언제까지든 득점을 계속하므로 게임의 흥미가 엷어졌기 때문이다. 그러나 우리 나라 일본을 비롯한 동양권 일부에서는 지금도 압도적으로 많이 하고 있다.

어느 경기이든 이 4구가 기본이 되어 있으므로 우선 이 경기를 완전히 마스터하는 것이 중요하다.

게임의 내용은 실로 알기 쉬운 루울로 되어 있다.

공은 붉은 공 2개, 흰 공 2개로 합계 4개의 공을 사용하는데 두 사람, 또는 세 사람, 아니면 혼자서도 즐길 수 있다. 게임 방법은 우선 선공과 후공을 정한다. 정식으로 정하려면 뱅킹 방법에 의하지만 이것은 공식전일 때 사용하는 방법으로 뒤에서 도해하겠기에 잘 알아두기 바란다. 보통

우리 나라에서 경기 인구가 가장 많은 4구 경기

가위바위보로 정하는 것이 간단하며 시간적으로도 빨리 경기에 들어갈 수 있다.

선공이 정해지면 그 사람은 자기의 공 즉, 지구(持球)를 정한다. 2개의 흰 공 중 1개를 자기의 지구로 한다. 2개의 흰 공은 원칙적으로 1개에 검은 점이 찍혀 있어야 하며 (통상적으로 黑球라 한다), 다른 1개는 점이 없다. 어느 것을 취하느냐는 그 사람의 자유로서 어느 것을 취하든 경기의 불이익에는 관계가 없다.

지구가 정해지면 4개의 공을 배치하는데 배치 방법은 (개정된 규칙에 의하면) 다음 그림과 같아야 한다.

우선, 선공자의 수구를 센터 라인과 제1포인트를 잇는 교차점에 놓는다. 다음, 적구를 센터 라인과 제2포인트를 잇는 교차점에 놓는다.

또, 1개의 적구는 제6포인트를 잇는 교차점에, 최후에 후공자의 수구를, 제7포인트를 잇는 교차점에 놓는다.

개정 전에는 서브의 제1적구(的球)가 흰 공으로 정해져 있었으나 개정된 규칙에는 흰 공, 붉은 공 어느 것부터 맞쳐도 상관 없게 되어 있다. 현재 우리 나라의 비공식 경기에서는 개정 전(지구를 오른쪽 2포인트 옆에 놓고 치는) 방식으로 치고 있다.

당구의 기초지식 11

4구 경기의 공의 배치도

제3적구 → ○ ← 흰 공
제2적구 → ● ← 붉은 공

적구 → ● 붉은 공
수구 → ○ 흰 공

4구 경기의 서브 넣는 법

당점

 서브는 선공인 사람이 자기의 지구를 타구하므로 시작되는데 지구(手球라고 함)가 다른 3개의 적구(的球) 중 2개 이상 맞아야 한다. 이렇게 2개 이상의 공에 맞힌 경우는 몇 번이든 계속 칠 수가 있지만 2개 이상의 공에 맞지 않은 경우는 다음 사람과 교체된다.
 게임을 시작하기에 앞서 각자의 지점(持點)을 정하게 되는데 초심자의 경우는 5점이나 10점 정도로 시작, 익숙해짐에 따라 점수를 올려간다. 대체로 다섯번 정도로 지점을 다 칠 수 있는 점수이어야 한다.
 이렇게 애초에 정한 지점을 빨리 쳐낸 사람이 이기는 것이다.
 점수는 구대 가까이 있는 주판 모양으로 된 채점반으로 계산한다.

1 게임이 끝나면 4 개의 공을 다시 초구의 배치로 놓고 앞서 경기에서 진 사람부터 서브를 넣는다.

❆ 보클라인 경기 ❆

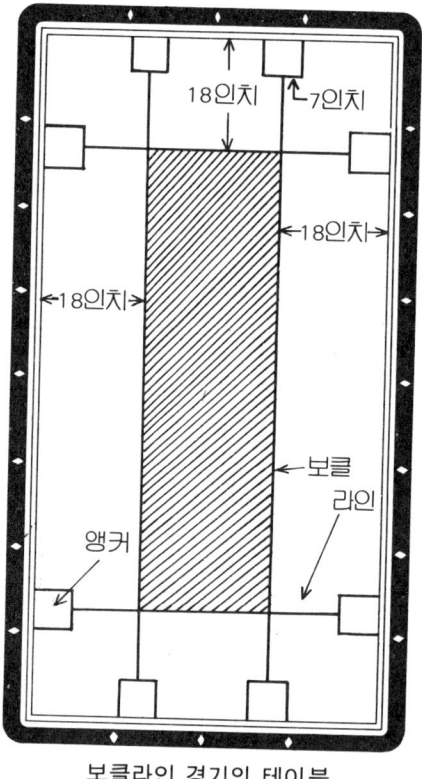

보클라인 경기의 테이블
(구대에 초크로 그려 넣는다)

이것은 4 구가 고점자에게는 무제한으로 칠 수 있기 때문에 여러 가지 제한을 설정하여 플레이하는 경기이다.

그러나, 기본적으로는 4 구 경기, 3 구 경기, 드리이 쿠션 경기 등과 별로 다를 바가 없다.

그림을 보아 알 수 있듯이 구대에 쵸크로 보클라인을 그려 넣는다. 그리고 보클라인에 의해 어느 장소에서는 몇 번 이상 치면 안 된다는 제한을 정해 놓는 것이다.

구대는 보통 4 구 경기로 사용되는 캐롤 테이블보다는 큰 것을 사용한다.

그리고 구대의 네 쿠션에서 18인치 안쪽 바닥에 선을 긋는데 이것이 보클라인이다. 다시 보클라인과 쿠션의 접점에 7인치의 정사각형을 8개 만든다. 이것을 앵커라고 말한다.

그리고 이 쿠션 곁의 보클라인 안쪽과 앵커 안에서는 2 회 이상의 셧을 금지하고 있다. 그러므로 수구와 적구의 2 개가 안에 들어가 있을 경우는 그 1 개를, 2 회 이내의 셧으로 보클라인 밖으로 내보내야 하는 것이다.

사용하는 공은 흰 공 2 개와 붉은 공 1 개의 도합 3 개로, 쿠션에 모아서 무제한으로 치는 것을 제한한 것이다.

그러나 보클라인 밖의 그림과 같이 선이 그어져 있는 중심에서는 몇 회를 쳐도 상관없다.

현재 세계적으로 즐기고 있는 경기가 바로 이 보클라인 경기이다.

❷ 캐논 볼 경기 ❷

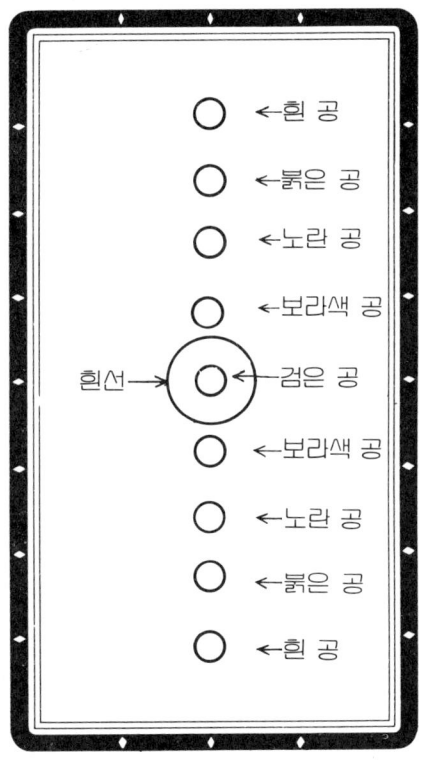

캐논 볼 경기의 공의 배치도

이것은 그다지 일반에 알려져 있지 않은 경기로 당구장에도 캐논용의 공을 구비하고 있는 곳은 별로 많지 않다. 그러나 한 번 해보면 즐거운 경기로 반드시 그 묘미에 사로잡힐 것이다.

사용하는 공은 4구 경기에 쓰이는 흰 공, 붉은 공 2개씩의 도합 4개 외에 「장해구」라 불리우는 검은 공(黑球) 1개, 보라색 공이 2개, 노란 색 공이 2개로 모두 9개이다.

각자 흰 공으로 내 공(手球)를 정하고, 그림과 같이 9개의 공을 배치한다. 이 경기는 수구가 2개 이상에 맞아야 하는데 그것도 같은 색 2개에 맞아야 하는 것이다.

흰 공과 붉은 공의 경우에만, 3개에 맞으면 득점이 된다. 득점의 계산은 아래와 같다.

구대 중앙에 직경 1피이트 1인치의 원을 그린다. (LP 레코드를 놓고 그 둘레를 초크로 그려도 좋을 것이다). 그 중심에 검은 공을 놓고, 셧 중에 검은 공을 원 밖으로 내보낸 경우는 장해점이 가산된다. 그리고 그 점수가 3점을 넘게 되면 그 경기는 패하는 것이다.

검은 공을 원 밖으로 내보내고, 그 회의 셧이 끝나면, 다음 사람이 셧 하기 전에 검은 공을 중심에 갖다놓는다. 만약 셧 전반에서 검은 공을 내보내고, 후반에 원 안으로 검은 공이 되돌아간 경우는 그 실점을 취소된다.

캐논볼의 득점표	
흰 공 — 붉은 공 …………	2점
붉은 공 — 붉은 공 …………	3점
흰 공 — 붉은 공 — 붉은 공 …	5점
노란 공 — 노랑공 …………	5점
보라색 공 — 보라색 공 ………	10점

이 경기에서는 득점 유효 셧 다음에 득점 무효의 셧을 할 수가 있다. 즉, 같은 색 공에 2개를 맞힌 다음에, 어떤 공이든 상관 없이 2개 맞힐 수가 있는 것이다. 이것을 캐논이라 부르며, 이 셧을 할 때는 먼저「캐논 볼」이라 말하고 양해를 구한다. 이 캐논을 이용하여 같은 색의 공을 모으거나, 검은 공을 원 안으로 다시 집어넣기도 하는 것이다.

그러나, 캐논은 2회 이상 계속하여 셧을 하지 못하게 되어 있다. 반드시 득점 유효 셧 사이에 끼워넣어야 한다.

각자의 지점(持點)은 4구 경기의 지점의 3배로 계산한다. 빨리 쳐낸 사람의 승리이다.

또한 장해구(黑球)를 안퍅(內外)으로 내보내는 경우에 지점을 증감하는 계산 방법이 있으나, 예를 들어 검은 공을 원 밖으로 내보냈을 때,

  1회째는 ……… 지점의 80% 증가,
  2회째는 ……… 지점의 60% 증가,
  3회째는 ……… 지점의 50% 증가,

가 된다.

❈ 3구(球) 경기 ❈

이 경기는 4구 경기의 붉은 공을 1개 제외한 3개를 사용하는 경기이다.

공의 배치는 4구 경기와 마찬가지로, 장(긴) 쿠션의 상하 제2 포인트와 단(짧은) 쿠션의 상하 제2 포인트 접점에 붉은 공과 흰 공 1개씩을 배치한다(그림 참조).

수구는 붉은 공의 좌·우 어느 곳이든 붉은 공을 중심으로 한 반경 6인치 원의, 바로 앞 반원형의 안쪽에 놓고 서브를 넣어야 한다.

서브는 4구 경기와 마찬가지로 바로 앞 붉은 공부터 맞혀도 상관없다.

당구의 기초지식 15

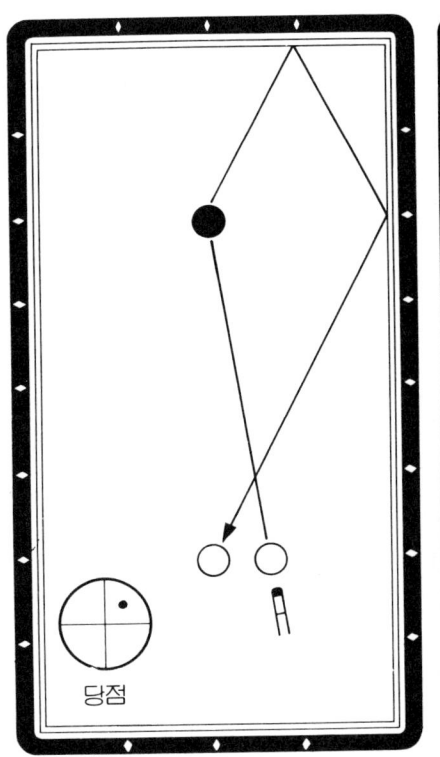

3구 경기의 서브 넣는 법

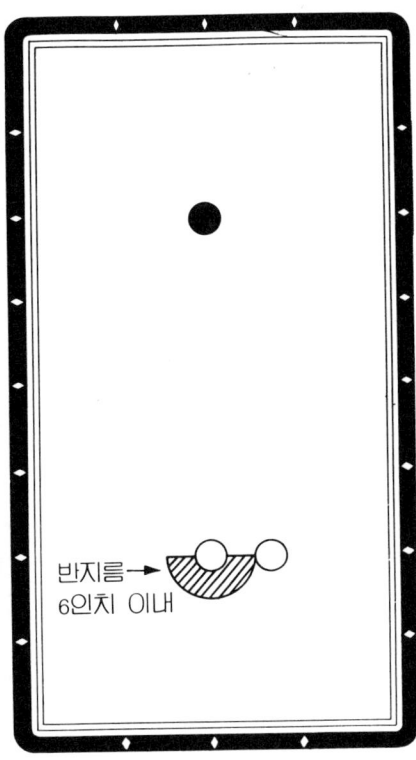

3구 경기의 공의 배치

3구 경기

그리고 2개의 공을 맞혀나가야 하는데 득점은 1점씩 계산한다.

지점을 빨리 쳐낸 사람의 승리인데 공이 1개가 적으므로 4구 경기보다 고도의 기술을 필요로 한다.

그 외는 4구 경기와 다를 바 없다. 지점(持點)은 4구 경기의 지점을 100%라 하면 20% 정도로 정하면 이 경기의 표준 지점으로 보아도 무방하다.

❀ 드리이 쿠션 경기 ❀

이 경기는 보클라인 경기와 함께 현재 세계적으로 가장 애호되고 있는 경기이다(포켓을 제외).

4구 경기나 3구 경기에 비해 타구했을 때 가장 호쾌한 맛을 느끼는 것이 드리이 쿠션 경기이다.

다른 경기에서는 구대에 박혀있는 다이아몬드 표지가 별로 필요하지 않지만 이 드리이 쿠션 경기에서는 공의 주로(走路)를 계산하는 중요한 구실을 하는 것이다.

이 다이아몬드를 이용해서 공의 계산을 한 유명한 다이아몬드 시스템이란 것이 있는데, 이것은 그림에 표시와 같이 이 경기를 시작하는 사람은 포

드리이 쿠션 경기

인트의 기호 넘버와 함께 잘 기억해 둘 필요가 있다.

 서브의 공의 배치는 3구 경기 때와 같다. 선공자는 서브 때 붉은 공부터 맞히어 득점해 가며 후공자는 선공자가 남긴 공으로 타구하게 된다.

 이 경기의 특징은 수구가 제1, 제2의 적구에 맞는 경우 밑 수구가 제1의 적구에 맞고, 제2의 적구에 맞는 경우, 반드시 드리 쿠션하고 맞아야 하는 것이다.

 즉 수구가 다른 흰 공과 붉은 공에 맞기 전에 쿠션에 3회 들어간 후 공에 맞거나, 또는 수구가 다른 1개에 맞고 나머지 1개에 맞기 전에 3회 쿠션에 들어가지 않

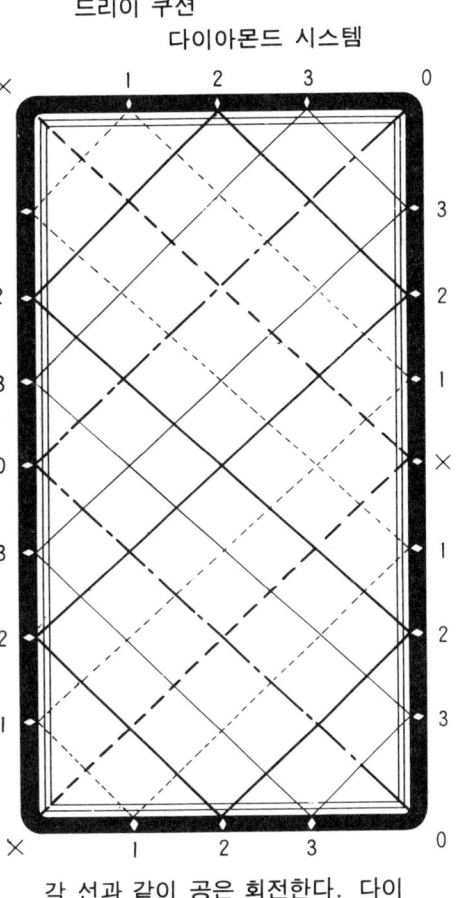

드리이 쿠션
다이아몬드 시스템

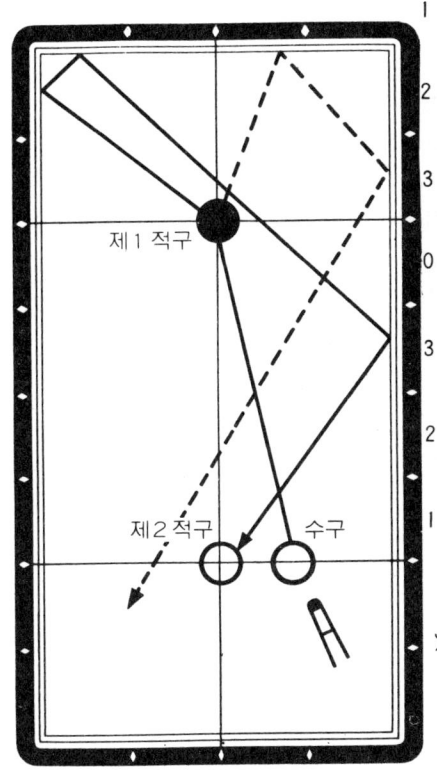

드리이 쿠션의 서브

각 선과 같이 공은 회전한다. 다이아몬드가 중요한 역할을 한다.

으면 안 된다.

 그런 만큼 4구 경기나 3구 경

기보다 훨씬 고도의 기술과 진로의 계산이 따라야 한다. 그러나 익숙해지면 드리이 쿠션 경기가 보다 즐겁다는 점을 알게 될 것이다.

지점(持點)은 초심자라면 2,3점 부터 시작하도록 한다. 득점 계산은 전부 1점 계산이다.

❷ 일할제(一割制) 경기 ❷

4구 경기와 마찬가지로 붉은 공, 흰 공을 각각 2개씩 사용하여, 수구인 흰 공만 교대로 하고 적구는 붉은 공 2개로 삼고 있다. 속칭, 아까다마 경기라 하여 붉은 공 2개를 맞히면 경기는 속행된다.

이 경기는 우리 나라 당구의 주종을 이루고 있으며, 매우 흥미롭고 경기 시간이 단축되는 이점이 있어 고점자간에 많이 행하고 있다.

일할제의 특색은 서브 할 때 맞은편 앞에 있는 붉은 공을 먼저 맞히고, 제2적구인 그 앞쪽에 있는 붉은 공을 맞혀야 한다.

그런데, 경기 중 수구가 붉은 공이 아닌 제3의 흰 공에 맞거나, 붉은 공·흰 공을 포함하여 맞히면 벌점으로 1점을 가산, 말하자면 자기 지점(持點)에서 1점이 가산되는 것이다. 그밖의 벌칙은 4구 경기와 같다.

그리고, 원래 일할제란 자기 지점의 1할을 말한다. 예컨대 4구에서 100점이 지점이라면 10점을, 150점일 때는 15점을 미리 정해놓고 매회마다의 득점을 여기서 빼내는 것이다.

또 하나의 특색은 게임 종료 방식이 특이한 점이다. 즉 자기 지점을 다치고 나서 마지막에 가서 드리이 쿠션을 쳐야 한다. 이 드리이 쿠션은 물론 공(空) 쿠션이라도 상관없다. 앞서 말한 흰 공을 포함하여 맞히는 (흰 공을) 벌점 가산은 원칙적으로 마지막 드리이 쿠션 때에도 적용이 되느니만큼, 이러한 경우에는 물론 붉은 공 2개를 맞혀, 자기 지점을 완료한 다음에 다시 드리이 쿠션을 해내야 승리한다.

또한, 2~3명이 조를 편성하여 경기를 할 경우 사전에 서로 규정을 정하고나서 즉, 보통 드리이 쿠션 2회, 공(空) 쿠션 1회 치기로 끝내는 경기 방법도 있다.

다음은 포켓 경기를 설명해야 되겠는데 이 경기는 우리 나라에서도 점차 보급될 전망이 크므로 장을 바꾸어 자세히 후술하기로 한다.

② 뱅킹에 대하여

당구 경기에 있어 서브권을 잡느냐 못잡느냐에 따라 그 승패에 큰 영향을 미치는 경우가 있다. 즉 선공이 된 쪽이 후공보다 유리한 경우가 있는 것이다.

보통 경기를 즐기는 경우는 가위바위보에 의해 선공·후공을 정해도 괜찮지만, 공식 경기와 같은 경우는 불공평하다 하여 이 뱅킹 방법을 취한다.

구대의 장 쿠션 바로 앞 제2 포인트에서 두 사람이 나란히 자리잡고, 2개의 흰 공을 각 1개씩 똑바로 셧한다.

반대편 쿠션에 맞고 돌아온 공이 바로 앞 쿠션에 제일 가까운 사람이 서브권을 잡을 수 있는 것이다.

서브는 공을 계속 쳐나가기 편리하게 어떠한 공잡기라도 상관 없없다.

또한 공식전의 경우, 뱅킹을 위해 심판에 의해 흰 공이 놓여진 때부터 경기자는 일체 공에 접촉하면 안 되며 만약「공 터치」가 되면 반칙이 되어 치는 사람이 교대된다.

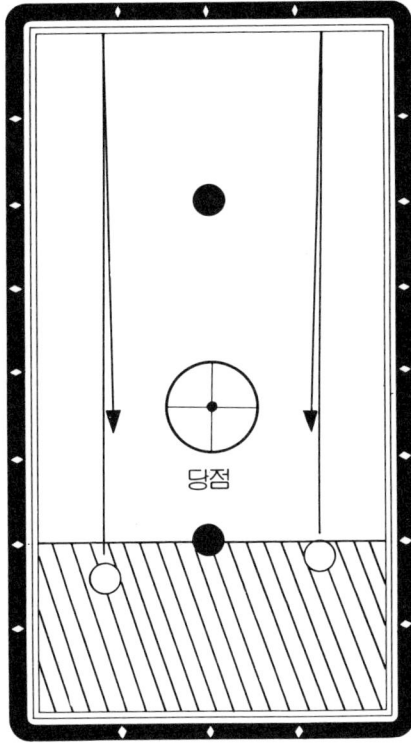

뱅킹 시의 공의 배치

뱅킹을 하고 있는 장면

③ 지점(持點)에 대하여

당구 경기(포켓 경기를 제외)에서는 반드시 각자의 지점을 경기에 앞서 상대방에게 알려야 한다.

지점의 계산 방법은 1게임 중 대체로 5큐(다섯번 교체되어 치는 것)로 다 쳐낼 수 있는 점수로 한다. 그러므로 지점 20점인 사람은 1큐에서 평균 최저 4점을 쳐야 한다. 초심자의 경우는 5점에서 10점 정도부터 시작하는 것이 좋을 것이다.

흔히 초심자가 지점을 정하지 않고 무제한으로 점수를 잡고 게임을 진행하는 예를 간혹 보게 된다. 이것은 플레이를 해이하게 하는 동시에 기술 향상의 저해가 되며 나아가서 경기의 흥미를 잃게 하는 것이다. 반드시 적은 지점부터 시작, 경기의 매듭을 확실히 정하고 플레이를 즐기도록 해야 한다.

아직도 우리 나라에서는 채점 방법이 2점, 3점, 5점 등 수구가 적구에 맞는 공에 따라 점수가 다르게 채점되고 있는데, 국제적인 루울이 개정되어, 새 루울에서는 2점, 3점, 5점이란 없고 모두 1점으로 계산하게 되었으므로 공식 경기나 또는 새로운 루울에 따라 게임을 진행하는 경우에는, 지금까지 50점이나 100점을 치고 있던 사람들 모두 지점을 절반 이하로 내려서 계산해야 될 것이다.

상대방이 지점보다 잘 치는 것 같다 하여 자기의 지점을 내리거나 그때그때 점을 함부로 변경하는 따위는 있어서 안 된다.

1점제 환산표

공식 급별	종래의 4구 경기의지점	1점제의 지점	공식 노우 핸디시합 점수
A급	300점	100점	100점
	250점	80점	
B급	200점	65점	70점
	150점	50점	
C급	120점	35점	40~50점
	100점	30점	
D급	80점	25점	25~30점
	70점	20점	
	60점	15점	
E급	50점	12점	15점
	40점	10점	
	30점	8점	
	20점	5점	

※ A급 위에 챔피언급이 있다.

4 채점 방법에 대하여

포켓 경기의 일부를 제외한 당구 경기에는 반드시 각 셧의 채점이 있어 그에 따라 지점이 계산되는 것이다.

채점 방법은 캐논볼 경기, 포켓 경기의 로테이션 경기 이외는 거의가 (새 루울에 따르면) 1점법을 채용하고 있다. 수구가 적구의 2개 이상에 맞은 경우는 각 1점이 된다. 이와 같이 하여 채점된 점수를 구대 곁에 있는 채점반에 계산해 간다.

채점판은 주판과 같은 큰 모양이다. 2색으로 나누어져 있어 왼쪽에 5

개, 오른쪽에 50개의 알이 있으며 그것이 옆으로 여섯 줄로 되어 있다.

　왼쪽은 1개 10점(구 루울에선 50점) 오른쪽은 1개 1점으로 계산다. 왼쪽의 5개는 오른쪽 50점의 되돌림에 쓰이는 경우도 있다.

채 점 판

5 당구 용구에 대하여

　당구는 거창한 용구가 필요없다. 맨손으로 가도 즐기는 경기이다. 최소한 알아 둘 것은 다음과 같다. 당구 경기에 꼭 필요한 용구는 구대(테이블), 큐, 공(볼), 쵸크, 채점판이다.
　그래서 여기서는 그런 것에 대해 간단히 설명한다. 당구장에 가면 어느 것이나 금방 볼 수 있는 것 뿐이다.

빌리어드 테이블

❈ 당구대(빌리어드 테이블) ❈

구대(球臺)는 각 경기에 따라 다르나 보통 4구 경기에는 빌리어드 테이블이라 불리우는 것이 쓰인다.

이것은 세로의 길이가 가로의 길이의 2배가 되는 것이 정상인데 최근에는 이 치수가 달라져 다소 큰 것도 있어 가로와 세로의 비율이 반드시 2대 1의 비가 아닌 것도 있다.

구대 위는 라사가 깔려 있고, 가장자리는 단면이 3각형인 테두리가 있어 이것은 고무 제품으로 역시 라사가 있다.

이 테두리는 공이 테이블 위에서 떨어지지 않게 하기 위한 동시에, 익숙해지면 이 테두리를 교묘히 이용하여 적구(的球)에 맞힐 수 있게 된다.

그리고 구대 테두리에는 장 쿠션에는 7개씩, 단 쿠션에는 3개씩의 조개껍질이나 뿔로 된 다이아몬드(일명, 포인트)라 불리우는 표지가 박혀 있다. 공의 진행 회전의 각도 계산의 목표로 사용되는 것이다.

❈ 큐 ❈

큐는 당구 경기에 필요한 공을 치는 막대기이다. 길이는 약 145센티이며 무게는 500그램 정도이다. 길이나 중량의 규격 제한은 없다. 자기몸체에 가장 알맞는 것을 고르도록 한다.

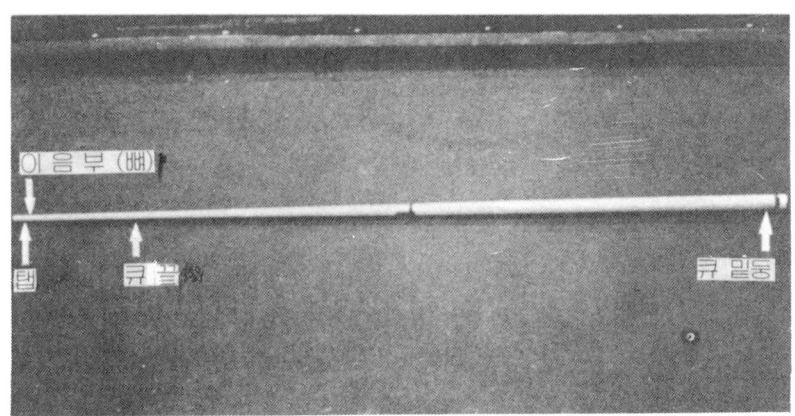

큐의 각부 명칭

흔히 초심자는 무거운 큐를 고르는데 되도록 가벼운 큐를 사용하도록 한다.

큐를 고르는 데는 우선 똑바른 것이 중요하다. 구부러져 있나를 살피려면 큐를 구대 위에서 굴려보면 대번에 안다.

큐 끝 목부에 상아, 고래뼈, 녹각 등으로 만들어진 길이 2센티 정도의 이음 부분이 붙어 있다.

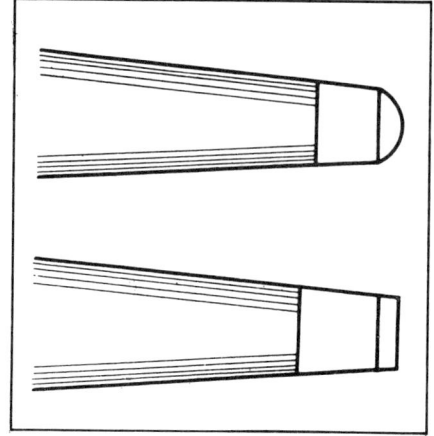

그 맨 끝에는 공에 직접 닿는 탭이 붙어 있다. 탭은 소가죽으로 만들며 모양을 여러 가지로 다듬는데 끝이 그림과 같이 둥근 것이 좋다. 기초에 따라 반듯한 것이 좋다는 사람도 있으나 역시 둥근 것을 권하고 싶다.

탭의 모양

❂ 공(볼) ❂

전에는 공을 전부 상아로 만들었으나 근년에는 플라스틱제의 공으로 바뀌었다. 세계 각국 빌리어드협회에서 이 플라스틱제의 공을 공식전에 사용하는 것을 공인하고 있어 현재 당구장에서는 거의 이러한 공이 사용되고 있다.

공의 크기는, 4구 경기용은 대충 직경 65.5밀리 정도이다. 흰 공인 수구(手球) 2개 중 1개에는 작은 흑점(黑點)이 찍혀져 있는 것이 국제적인 통례인데 우리 나라에서는 이 흑점이 찍혀 있지 않다. 그 흑점은 자기의 수구인가 상대방의 수구인가를 판단하는 정확한 표시가 되는 것이다.

4구 경기에 쓰이는 흰 공, 붉은 공

❀ 쵸 크 ❀

탭에 발라 공을 쳤을 때 미끄러지지 않게 하기 위한 것이다. 분말을 응고시킨 것으로 탭에 닿는 부분이 오목하게 파여 있다. 귀찮아 하지 말고 쵸크를 2~3큐마다 칠하면 미스샷을 방지할 수 있다.

❀ 브리지(레스트) ❀

이것은 그림과 같이 다리 모양으로 된 것을 막대기 끝에 붙인 것으로 포켓 경기에 사용된다. 손이 닿지 않는 곳에 있는 수구를 칠 때에, 이 브리지 위의 작은 3개의 홈 중 한 곳을 사용하여 친다.

3개의 홈은 중심치기, 오른쪽치기, 왼쪽치기와 같이 섯하는 수구의 위치에 따라 사용하게 돼 있다.

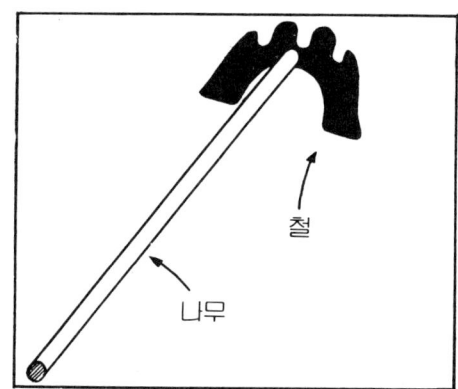

브리지 ➡
포켓 경기에서만 쓰이는 것이다. 세개의 홈으로 된 곳은 철, 막대모양인 곳은 나무로 되어 있다.

6 반칙 규정에 대하여

당구 경기에는 세밀한 반칙 규정이 몇 가지 제정되어 있으므로 이를 설명한다.

공 터치

플레이 중에 손이나 양복, 넥타이 따위가 공에 접촉되면 공 터치라 하여 반칙이 되어 그 회의 셧은 그 시점에서 잃게 된다.

공에 넥타이 따위가 접촉되면 반칙이다.

미스 점프

셧 했을 때 탭이 공에서 미끄러져 공이 점프하거나 옆으로 벗어날 때는 반칙이 된다.

리 쿠

큐로 공을 두 번 치는 것인데 일본어의 '리쿠(陸)'에서 온 것. 이것은 물론 미스 큐가 되어 다음 플레이어와 교체 된다. 셧 하여 공을 쳐낸 큐 끝에 공이 튀어 되돌아와 닿았을 때도 리쿠가 된다.

공 착오

셧 했을 때 자기의 수구를 잘못 알고 상대방의 수구를 쳤을 때는 반칙이 된다.

표지를 놓는다

셧 할 때 공의 주로를 가늠하기 위해 쿠션 곁에 또는 테두리의 다이아몬드 위에 쵸크 따위의 표지를 놓는 것은 금지되어 있다.

초크 따위를 놓는 것은 반칙

❷ 공이 구대 바깥으로 튀어나갔을 때 ❷

셧 했을 때 힘이 남아서 수구나 적구가 구대에서 바깥으로 튀어나갔을 때는 반칙이 되어 다음 사람과 교체된다.

튀어나간 공은 구대의 중앙 즉, 장 쿠션의 제 4 포인트와 단 쿠션의 제 2 포인트의 접점에 놓는다.

한 번 밖으로 나간 공은 마른 헝겊으로 잘 닦도록 한다.

❷ 기타 사항 ❷

셧 할 때 먼저 사람이 쳐서 움직이고 있는 공이 완전히 멈추기 전에 셧 하는 것은 어떠한 경우이든 반칙이다.

남의 조언을 받거나 조언을 했을 때도 반칙이다.

바닥에서 양발을 떼고 셧 했을 때도 반칙이다.

요즘의 당구장은 젊은이들로 붐빈다. 연령에 관계 없이 즐기는 것도 매력의 하나이다.

7 알아둘 용어

● 수구(手球)
자기가 치는 공이다. 상대방의 수구도 흰 공이다. 수구는 1게임마다 다시 정해지는데, 게임이 시작될 때 정한 수구는 그 게임이 끝날 때까지 변동되지 않는다. 자기의 수구 이외의 공을 치면 반칙이다.

● 적구(的球)
제1적구라고도 한다. 자기가 친 수구에 맨 처음 맞는 공을 말한다. 넓게는 수구 이외의 모든 공을 지칭하기도 한다.

● 제2적구
수구가 적구에 맞은 후 그 다음에 맞는 공을 말한다. 선구(先球)라고도 한다.

● 모아치기
구대(球台) 위에 흩어져 있는 공을 쳐서 득점하면서 한 군데로 모으는 것을 「공을 모은다」라고 한다.

● 밀어치기
수구의 중심 윗부분을 치는 공을 말한다. 수구는 전진 회전하면서 적구로 향한다.

● 끌어치기
밀어치기와는 반대로 수구의 중심 아랫 부분을 치는 공을 말한다. 역회전(背進回轉이라도 함)하면서 나간다. 적구에 맞았을 때 수구 자체의 회전에 의해 본디의 위치로 되돌아오려는 작용이 있기 때문에 이러한 명칭이 사용된다.

● 비틀기
수구의 중심 오른쪽 또는 왼쪽을 치는 것을 말한다. 수구는 옆으로 회전하면서 호(弧)를 그리며 나가려고 한다. 이러한 공을 '비틀기를 이용한 공'이라고 한다.

● 이지 볼
수구, 적구, 제2적구가 3각형으로 배치된 공으로 3각구라고도 한다. 가장 치기 쉬운 공의 배치이다. 속칭 '긴따마'라고도 하지만 일본말에서 온 것으로

잘 쓰지 않는다. 이지 볼(easy ball)의
의미는 '치기 쉬운 공'이다.

● 두꺼운 공

수구의 중심이 적구의 중심 가까이에
있을 때 '두꺼운 공'이라고 한다. 수구
가 적구에 맞았을 때의 상태를 말하며,
적구의 중심부 가까이 맞힐 때에 '두껍
게 맞춘다'라고 한다.

● 얇게 치기

적구의 끝 부분쪽에 수구를 맞힐 때
'얇게 맞춘다'라고 한다. 두꺼운 공의
반대이다.

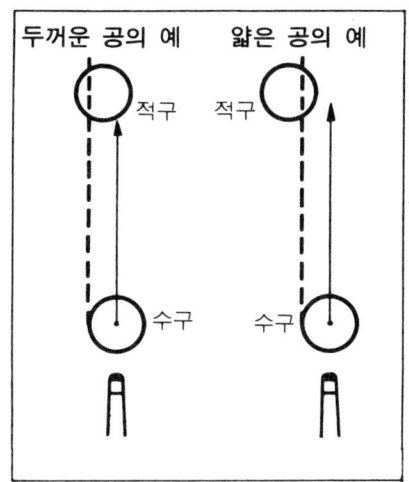

● 후구(後球)

타구 후의 공의 배치를 말한다. 맞힌 수구가 적구, 제2적구 등에 맞은 후
2개 또는 3개의 적구와 함께 그 다음 번에 치기 쉽게 배치된 모양의 것을 '후
구가 좋다'라고 한다.

● 걸쳐치기

수구를 처음 쿠션에 넣어 튕겨 나온 수구가 적구에 맞고 다시 그 반동으로 제
2적구에 맞도록 치는 방법을 말한다.

● 밀어빼기

수구에 맞은 적구가 쿠션에 부딪치고 같은 쿠션에 있던 수구와 다른 방향으
로 흘러가 수구만 제2적구에 맞도록 치는 방법이다.

● 죽여치기

수구의 중심을 타구하므로서 수구에 회전을 가하지 않는 타구 방법이다. 적구
에 맞은 수구는 그 자리에서 정지하며, 적구만 앞으로 나가도록 치는 성질의 공
을 말한다.

● 공(空) 쿠션

적구에 맞히기에 앞서 수구가 쿠션에 한번 이상 맞힌 다음 적구에 맞도록 하
는 방법.

● 공(球) 쿠션

쿠션에 접촉되어 있는 적구를 쿠션으로 이용하여, 수구를 맞혀 튀어 나온 수
구가 제2적구에 맞도록 타구하는 방법이다.

● 원 쿠션잡기

　수구를 득점할 때까지 한 번 쿠션에 맞히는 타구법을 말한다.

● 셧

　공을 치는 것을 말하는데, 미스 셧은 잘못 친 것을 말한다.

● 찬스

　겨냥한 공 이외에 우연히 공이 맞아 득점되는 것을 말한다.

● 리쿠

　밀어내듯이 타구하는 것 즉, 두 번 계속 타구하는 조잡한 타구법으로 반칙이 붙는다.

● 당점(撞點)

　큐로 수구를 칠 때 탭과 수구가 접촉하는 공의 접촉점을 말한다. 공을 치는데 가장 기본이 된다.

● 스트로크

　셧에 앞서 큐로 당점을 겨냥하면서 큐를 훑는 예비 동작을 말한다.

● 반사구(反射球)

　수구가 적구에 맞은 후, 쿠션에 들어가 그 반사로 제2 적구에 맞도록 치는 방법이다.

● 맛세

　큐를 거의 수직으로 세워서 수구를 치는 방법이다. 고점자가 아니면 어렵다.

● 세리

　한 군데에 모은 공을 흩어지지 않도록 쿠션을 이용하여 득점하면서 쿠션을 잇따라 가며 쳐가는 방법이다.

● 크게돌리기

　롱 드라이브라고도 하며 수구를 주위의 쿠션에 맞혀 크게 돌려 적구에 맞히는 방법이다.

● 마중 나오기치기

　적구가 수구에 맞은 반동으로 전진하여 제2 적구에 맞고, 제2 적구가 쿠션에 팅겨 나와 수구와 부딪쳐 득점하는 타구법이다.

● 서브

　게임이 시작될 때 수구를 타구하는 것.

● 런

　게임마다 경기자가 올린 점수를 말한다.

제 2 장

향상의 갈림길
　　　자세와 동작

거의 모든 경기에 통용되는 것이지만 자세의 양부에 의해 그 기량이 제자리 걸음을 하거나 신장되기도 한다. 당구도 예외는 아니어서 올바른 자세(폼)를 취하면 기량이 한층 높아진다.

그렇다면 올바른 무리없는 자세란 어떤 것인가. 당구에서는 구대에 향하는 몸의 선이나 눈길(視線) 등이 포인트이다.

큐 잡는법으로는 왼손의 브리지 만드는 법, 오른손의 큐 잡는 법이 포인트이다.

이런 사항에 대해서 사진을 많이 사용하여 설명하기로 한다. 되도록 활자를 읽는 번거로움을 없애기 위해 설명문을 생략하고 보아서 금방 이해할 수 있도록 했으므로 사진을 보고 연구하기 바란다.

올바른 자세를 마스터하는 것은 기술을 익히는 근본이다.

① 올바른 자세

 자세(폼)가 나쁘면 아무리 시간을 소비하며 연습을 해도 향상되지 않는다. 그렇다 하여 너무 굳어져 긴장된 자세로 플레이를 하면 안 된다. 자연스런 자세로 편안한 기분이 되는 것이 중요하다. 즉, 릴랙스한 기분으로 플레이에 임해야 한다.
 사람마다 체격이 모두 다르기 때문에 다소의 차이는 있겠으나 초보적인 공통점을 들면, 수구를 향해 비스듬히 서서 가볍게 한 걸음 왼발을 옆으로 벌린다. 그리고 오른발 끝을 약간 벌린다. 이것은 사격의 '서서 쏴'의 자세와 흡사하다.
 상반신은 조금 앞으로 구부려 큐를 잡은 오른손은 허리뼈에 오도록 한다. 왼손은 똑바로 내놓아 레스트(브리지)를 만들고 허리를 고정시킨다.
 이때의 중심은 오른발에 후반(後半)의 체중을 걸고 왼손, 왼발에 전반(前半)의 체중을 거는듯이 하여 균형을 유지한다.
 그러나 초심자는 자칫 왼발에 중심을 걸게 된다. 중심을 오른발쪽으로 조금 치우치는 듯한 마음으로 하면 균형이 잘 잡히게 된다.

앞에서 본 올바른 자세

먼 공을 칠 때의 자세

가까운 공을 칠 때의 자세

향상의 갈림길 자세와 동작 35

쿠션 곁의 공을 칠 때의 자세

나쁜 예 ① (발 간격이 너무 좁다)

나쁜 예 ② (발 간격이 너무 넓다)

나쁜 예 ③ (보통의 자세인데 큐의 너무 밑둥 쪽을 잡았다)

향상의 갈림길 자세와 동작 37

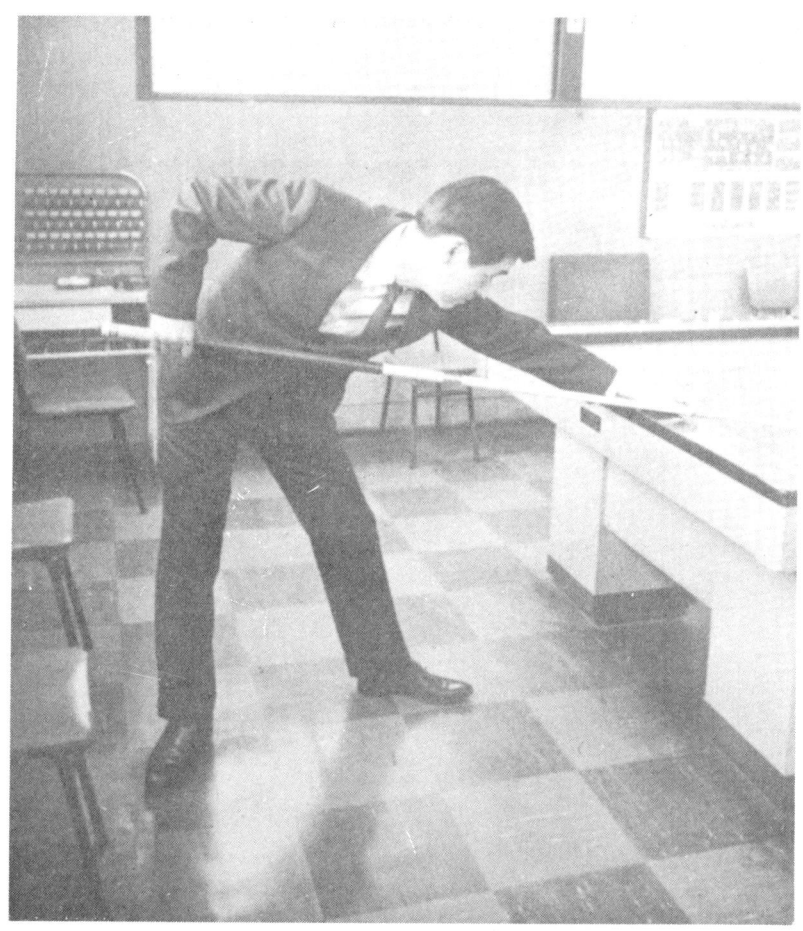

나쁜 예 ④ (올바른 자세와 함께 나쁜 자세를 아는 것도 폼을 마스터하는 요령이다)

2 눈길(視線)

큐를 잡고 자세를 취하면 이번에는 얼굴의 위치나 눈길(시선)이 중요한 포인트가 된다.

얼굴은 언제나 반드시 큐 끝의, 공의 정면을 향하게 있도록 한다. 그리고 큐는 턱 바로 아래에 있도록 하며, 눈길의 방향과 큐의 방향이 반드시 일치되도록 한다.

오른팔과 얼굴의 중앙의 선(코와 양미간을 잇는 선의 연장선)이 이어지는 직선과 큐의 선이 위에서 보았을 때 일치해 있거나, 평행이 되어 있어야 한다.

이런 자세가 취해지면 이번에는 큐의 스트로크(가볍게 큐를 훑는 동작) 법과 쳐내는 방법이다.

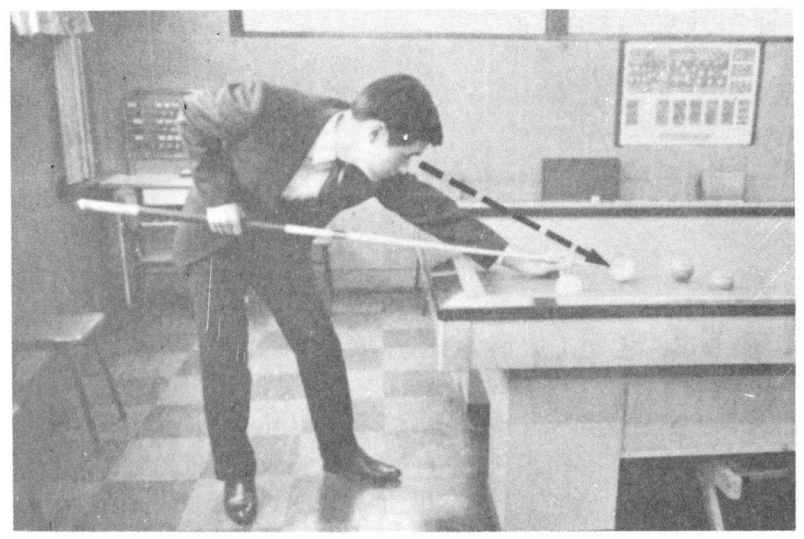

눈길(視線)과 큐가 일치하는 폼

향상의 갈림길 자세와 동작 39

전방에서의 눈길

옆에서의 눈길

③ 큐 잡는 법, 다루는 법

큐를 잡을 때는 큐의 중심에서 뒤쪽 10 cm 정도(이음대와 큐 밑둥의 중간쯤)를 잡는다. 이것은 어디까지나 보통으로 치는 경우로, 약하게 해서 치고 싶을 때는 약간 앞쪽으로, 강하게 치고 싶을 때는 약간 뒤쪽(큐 밑둥)을 잡도록 한다.

큐는 오른손으로 잡는데 처음에 손을 내려 엄지손가락과 집게손가락 사이가 자연히 벌어지는 곳에 큐를 넣고, 다른 손가락을 가지런히 하는 기분으로 가볍게 쥔다. 이때의 오른손은 손가방을 든 때의 느낌이 된다.

그리고 팔은 겨드랑이에 약간 붙이고 팔의 선을 직각으로 한다. 그러나 팔이 몸에 꽉 밀착되지 않도록 주의한다.

큐의 스트로크법은 마치 증기 기관의 피스톤이나 흔들이(振子)와 같이 일정 간격을 유지하여 앞·뒤로 훑도록 한다.

이것은 수구에 큐 끝을 정확히 맞추기 위해, 겨냥을 정하는 목적과, 큐를

큐를 올바로 잡는 법(팔은 몸체에서 조금 떨어지게 하고, 수평으로 가볍게 잡는다)

향상의 갈림길 자세와 동작 41

큐 밑둥을 잡는 방법(수구가 멀리 있을 때 쓰인다)

큐 앞쪽을 잡는 방법(수구가 멀 때, 가볍게 치고 싶을 때 등에 쓰인다.

잘 나가게 하는 세 가지 목적이 있다.
 2, 3회 가볍게 스트로크(큐 끝은 닭이 모이를 쪼을 때와 같은 놀림으로) 해보아 큐가 정확히 수구의 당점(撞點)으로 겨냥돼 있으면 큐를 쳐내는 것이다.

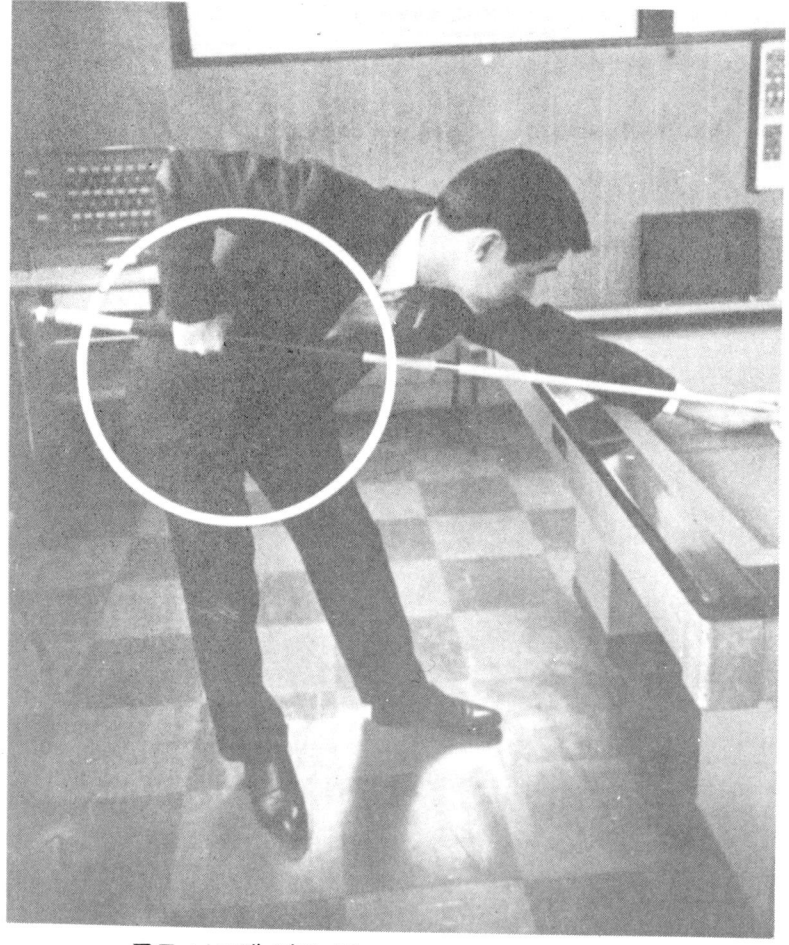

큐를 나쁘게 잡은 것
① 힘을 너무 주고 있다.
② 팔이 몸에 너무 바싹 붙어있다.
③ 큐가 수평을 이루지 못하고 있다. 등이다.

일정 간격을 유지하고 큐를 훑어보고 있는 장면

큐를 잡고 자세를 취한 장면

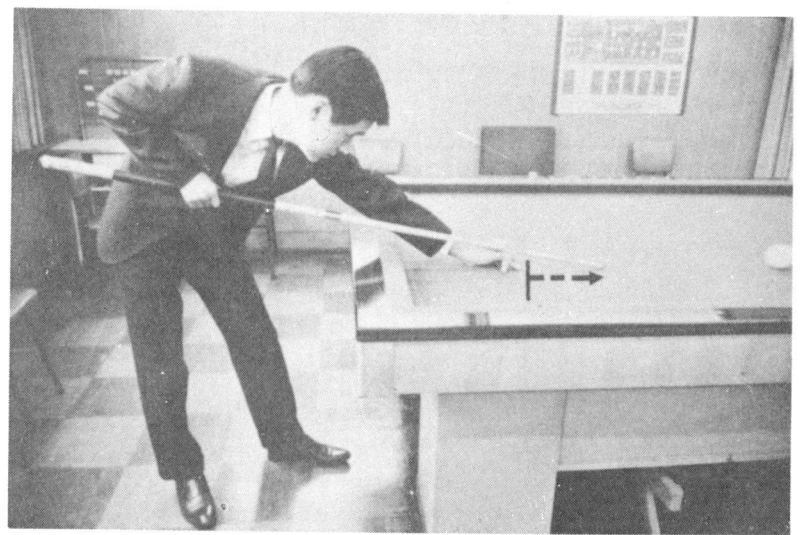

큐를 쳐낸 장면 (큐는 수평으로 쳐내도록 유념한다)

4 브리지 만드는 법

　큐를 왼손으로 지탱하여 수구 가까이에 유도하는데 그때 왼손으로 지탱하는 모양을 브리지(또는 레스트라고도 함)라고 한다.

브리지의 순서

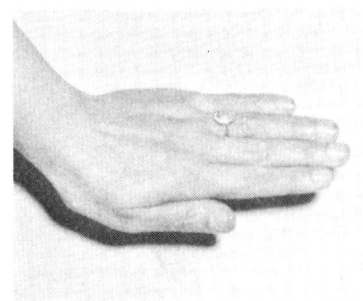

① 손가락을 가지런히 한다.

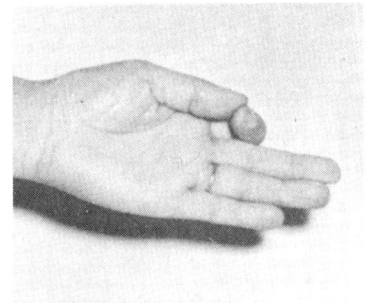

④ 손바닥에서 본 엄지의 밀착

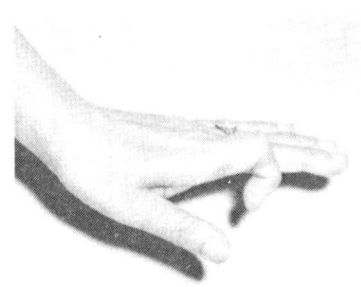

② 인지를 구부린다.

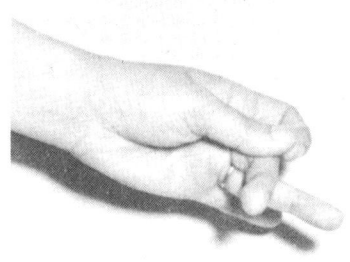

⑤ 중지를 밑둥에서 구부린다.

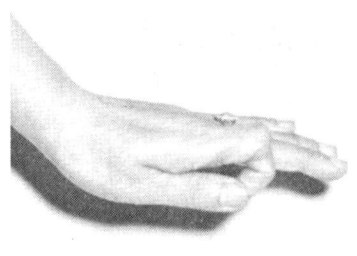

③ 엄지손가락을 바깥쪽에 젖혀 밀착

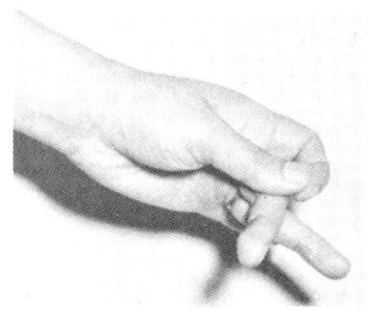

⑥ 중지의 제2관절과 엄지를 밀착

큐를 쳐낼 때는 특수한 경우를 제외하고, 언제나 수평으로 쳐내도록 한다. 오른팔을 좌우로 움직이지 않도록 일정한 간격을 지켜, 앞·뒤로 밀어당기는데 언제나 정확히 똑바로 쳐내도록 해야 한다.

보통 쳐내는 힘은 어깨에서 나오는데 약한 공을 칠 때는 팔꿈치로 치도록 하며, 세리 공과 같이 운동량이 미묘한 공을 칠 때는 손목으로 치는 것이다.

그래서 언제나 어깨, 팔꿈치, 손목을 유연하게 하여 이들 세 가지 셧의

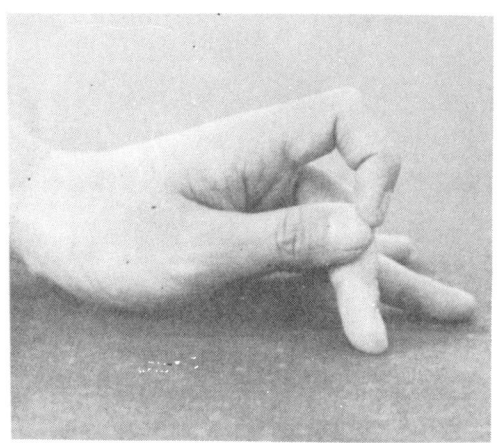

← 브리지는 여러 가지 형이 있다.
왼쪽 그림은 가장 일반적인 브리지형이다.

↓ 집게손가락에 힘을 너무 주면 안 된다.
브리지는 겨냥을 정하는 기본이다.

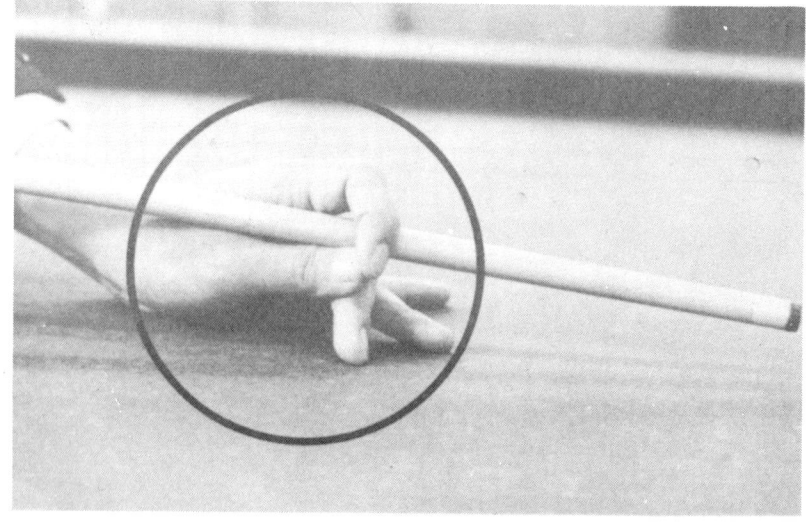

향상의 갈림길 자세와 동작 47

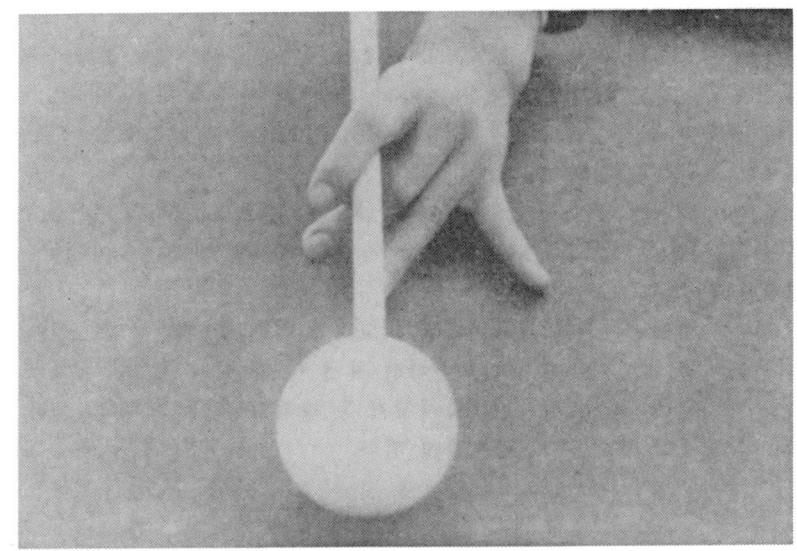

브리지를 전방에서 본 것

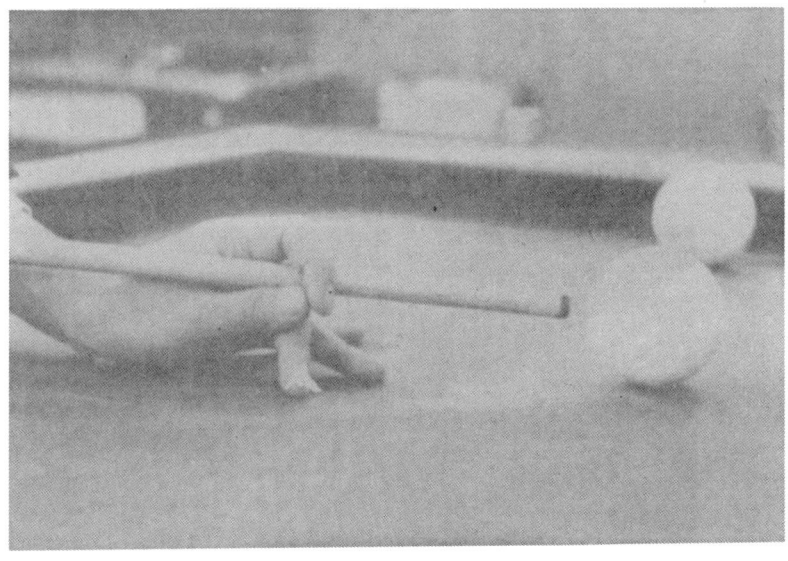

브리지를 옆에서 본 것

연습을 해 둘 필요가 있다.
 당구를 칠 때「브리지를 보면 그 사람의 기량이 어느 정도 짐작이 간다」라고 말 할 정도로 매우 중요한 것이다. 모처럼 자세가 바로 잡혀도 브리지가 불확실하면 큐를 올바르게 쳐낼 수가 없다. 마치 가늠쇠가 어긋난 총으로 사격하는 것과도 같다.
 왼손을 반면에 놓고, 집게손가락과 엄지손가락으로 고리를 만들고 그 안에 큐를 넣는다. 그리고 나머지 세 손가락은 라사면에 댄다. 이것이 가장 보편적으로 쓰이는 방법이다.
 그런데 엄지손가락과 집게손가락의 고리를 너무 단단히 하면 큐가 원활히 움직이지 않는다. 반대로 느슨하면 쳐낼 때 큐 끝이 흔들려 실패한다.
 또한 익숙해지면 밀어치기, 죽여치기 등 당점의 차이에 따라 브리지에 다소의 고저를 두는 것도 필요하게 된다.

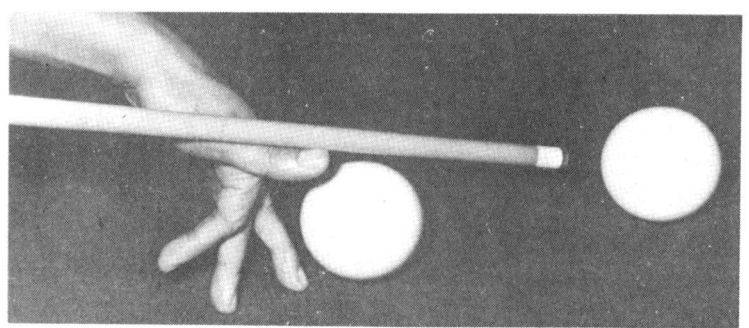

적구가 수구 바로 앞에 접근되어 있을 때의 브리지

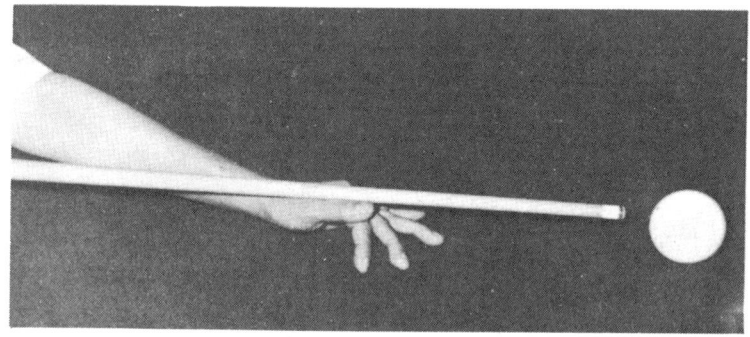

멀리 있는 공을 칠 때의 브리지

향상의 갈림길 자세와 동작 49

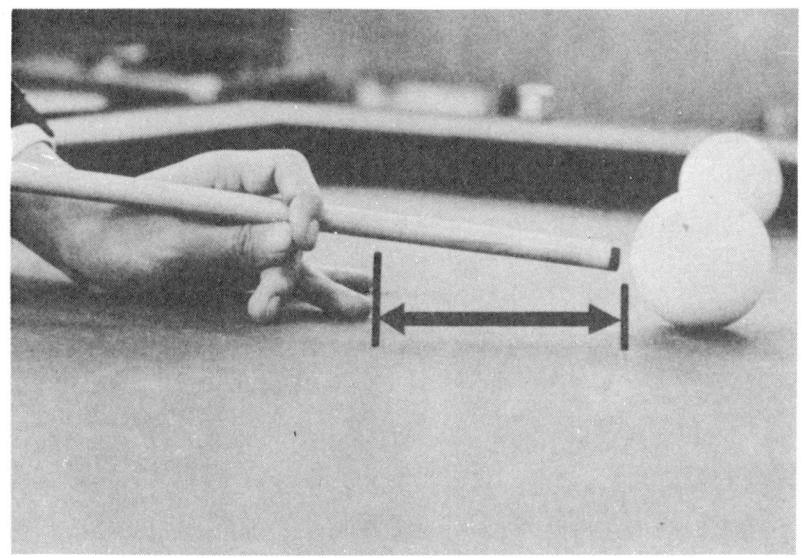

브리지는 수구에서 약 15 cm쯤에서 만든다

브리지를 만드는 손(팔)은 구부리면 안 된다.

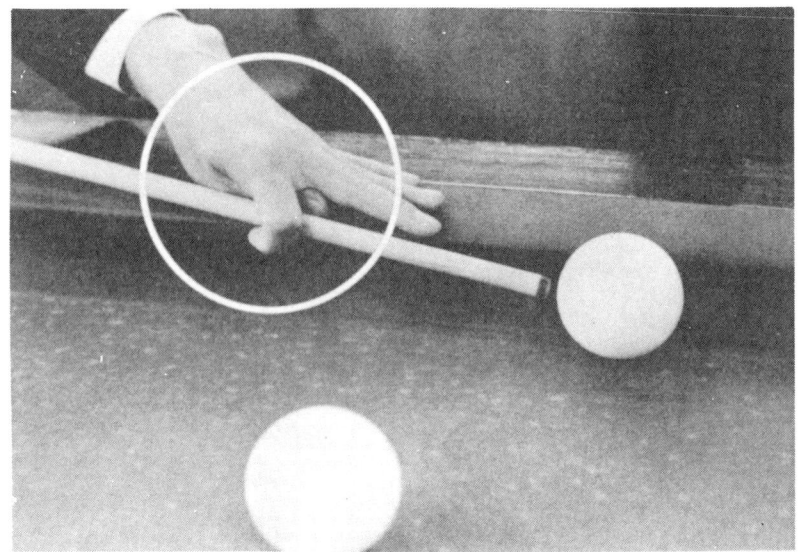

테이블 테두리를 이용한 브리지

커브를 내기 위한 브리지

제 3 장

기초 기술편

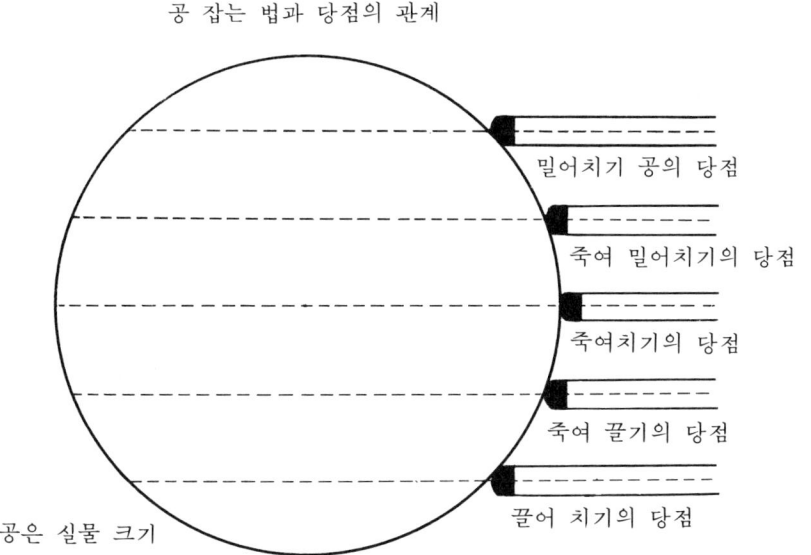

공 잡는 법과 당점의 관계

밀어치기 공의 당점
죽여 밀어치기의 당점
죽여치기의 당점
죽여 끌기의 당점
끌어 치기의 당점

공은 실물 크기

1 공의 회전 운동

그러면 자세도 마스터하였으므로 이제는 실재로 공을 쳐보기로 하자.

공에는 일정한 정해진 회전 운동이 있다. 수구의 큐로 볼을 치는 부위 즉, 당점(撞點)에 따라 그 공의 회전이나 수구에 맞은 적구(的球)의 회전 운동이 변한다.

아래 그림은 공의 당점을 설명한 것이다. 1개의 구체(球體)에는 합계 9개의 당점이 있다.

초심자는 우선 중심, 중심 위, 중심 아래의 3개 당점을 잘 칠 수 있도록 연습하는 것이 중요하다. 이 3개를 제대로 칠 수 있으면 대부분의 공은 잡을 수 있는 것이다.

공은 중심을 치는 것이 기본이며, 위를 치면 회전 속도가 증가하여 빨리 굴러간다.

아래를 치면 공의 회전이 진행하는 회전과 반대가 되므로, 공의 속도는 늦어져 때로는 아주 조금 굴렀다가 멈추거나 되돌아오기도 한다.

크게돌리기와 같은 기술을 구사할 때는 공의 위를 쳐야 한다.

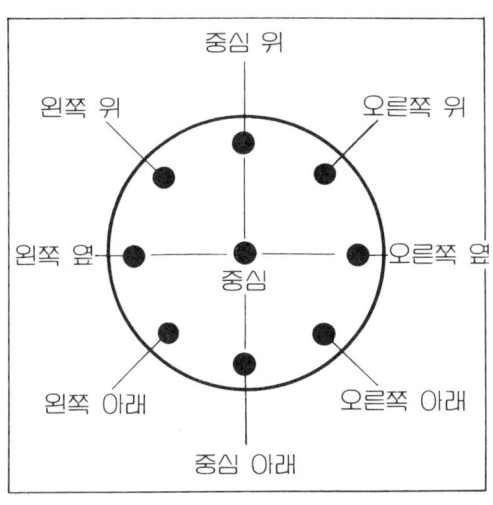

←공의 당점
공에는 합계 9개의 당점이 있다.
초심자는 우선 중심을, 그리고 중심 위, 중심 아래의 3개 당점을 제대로 칠 수 있도록 연습한다. 중심을 치는 것을 「중심치기」라 부른다.

기초 기술편 53

끌어치기의 기술을 구사할 때는 공의 아래를 쳐야 한다.
 오른쪽이나 왼쪽은 비틀기라는 기술에 쓰이는데 오른쪽 옆을 치면 공은 그 자체 회전이 되어, 쿠션에 맞고 오른쪽으로 구부러진다. 왼쪽 옆을 치면 그 반대이다.

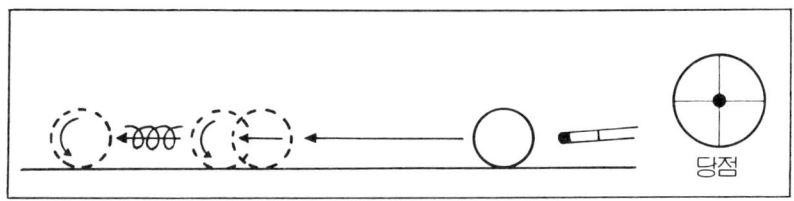

중심의 당점을 치면, 처음에는 공이 회전하지 않고 그대로 미끄러지는데 도중에서 회전이 가해져 진행한다.

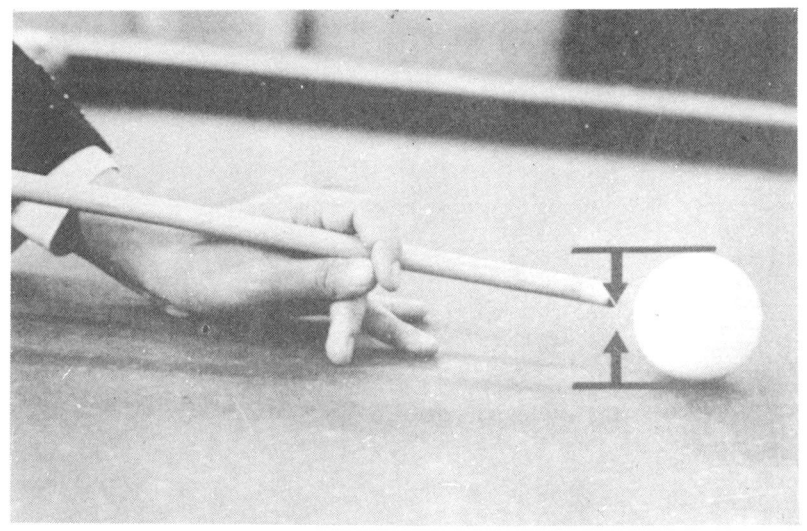

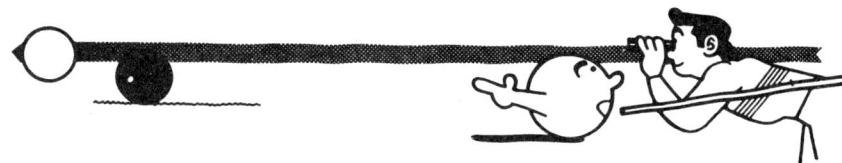

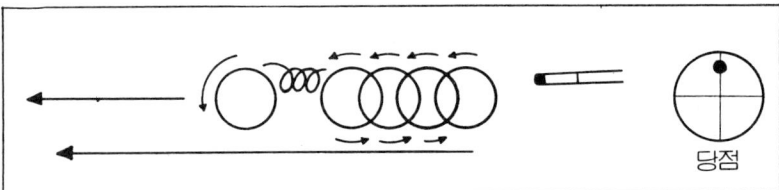

위를 치면 공은 앞쪽으로 회전하며, 속도는
빨라진다.

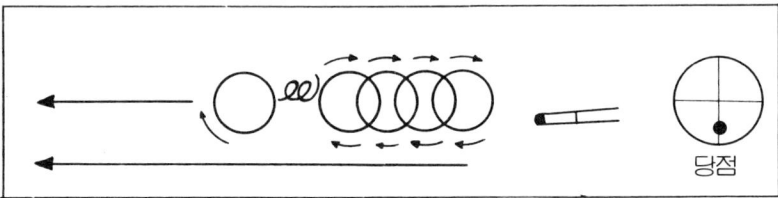

아래를 치면 공은 뒤로 되돌아오는 듯한 회전이
되어 속도는 늦어진다.

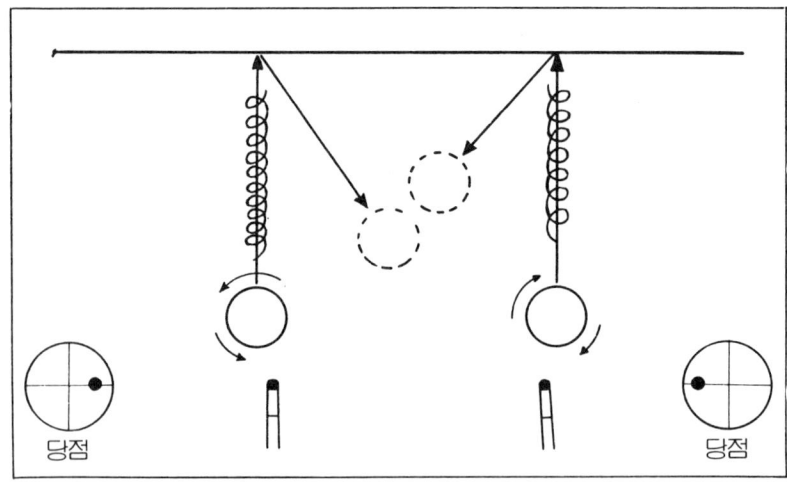

오른쪽을 치면 쿠션에 맞은
후 오른쪽으로 반사한다.

왼쪽을 치면 쿠션에 맞은 후
왼쪽으로 반사한다.

기초 기술편 55

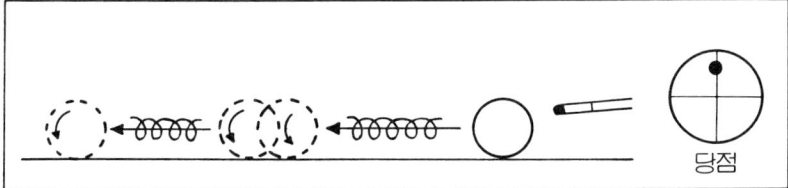

중심 아래의 당점을 치면 공이 달려가 적구에
맞으면, 쿠션으로 되돌아온다.
(끌어치기의 기법)

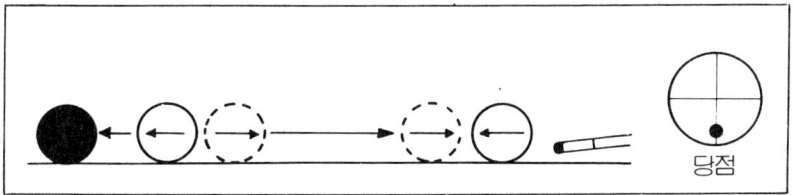

중심 위 당점을 치면, 공은 처음부터 진행
방향으로 회전하여 나아간다.

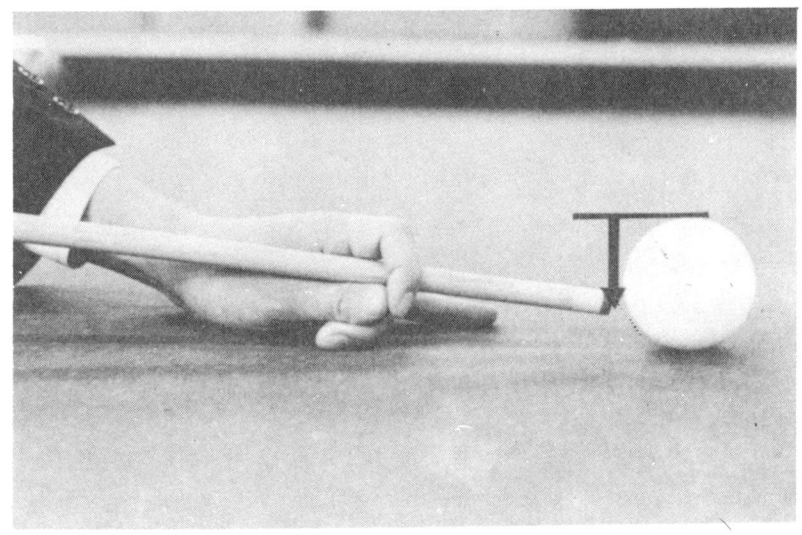

위 그림과 같은 중심 아래를 치는 법.
공의 움직임에 주의

② 타구할 때 힘의 가늠

큐를 내미는 힘의 정도에 따라 공의 회전이 달라진다. 이것은 당구 경기를 하는데 있어 가장 중요한 상식이다.

셧 할 때의 힘의 가늠(加減)이라는 것을 보다 알기 쉽게 말하면 수구에 가해지는 힘이 강한가 약한가를 의미하며, 수구가 적구에 맞고나서 강하게 운동하는가 약하게 운동하는가를 뜻하는 것이다.

❀ 세게 치는 경우 ❀

강하게 칠 때는 큐 끝(브리지 위치와 적구의 사이)을 보통 때 보다 길게 한다. 그리고 브리지도 보통 때 보다 조금 멀게 잡는다.

큐의 스트로크를 충분히 하여 전방으로 밀어내듯이 하며 쳐낸다.

공을 목표한 곳으로 진행시키기 위해 손목을 유연히 할 필요가 있다. 그리고 큐의 평행 운동을 잊어서는 안 된다.

↓ 세게 치고 싶을 때는 큐 끝을 길게 잡는다.

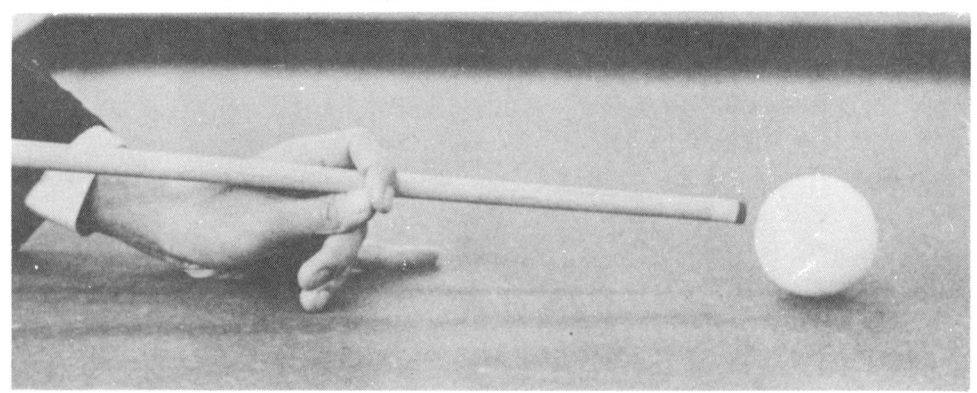

❦ 약하게 치는 경우 ❦

큐 끝을 짧게 하여 보통 때 보다 앞쪽(큐 밑둥에서)을 잡는다. 그리고 너무 스트로크하지 말고 가볍게 큐를 앞으로 내민다.

너무 약하면 수구와 적구가 터치(접촉)되어 버리므로 힘 조절을 충분히 연구하기 바란다.

↑ 약하게 쳐내는 모양
↓ 세게 쳐내는 모양

③ 수구와 쿠션

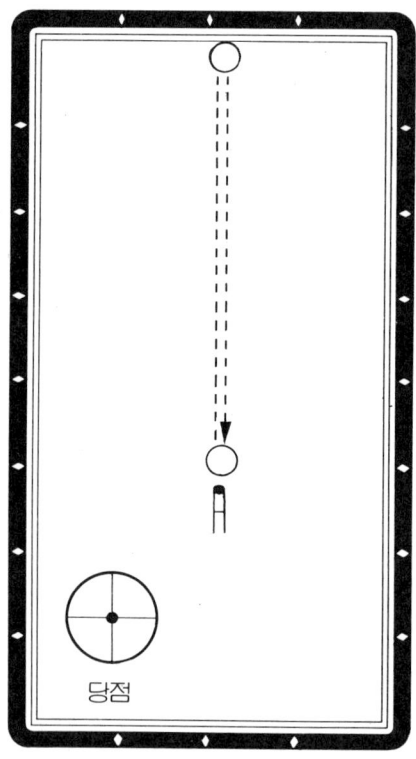

수구의 움직이는 모양 (1)

당점

수구의 중심을 치면, 쿠션에 맞고, 같은 진로로 바로 앞으로 되돌아온다.

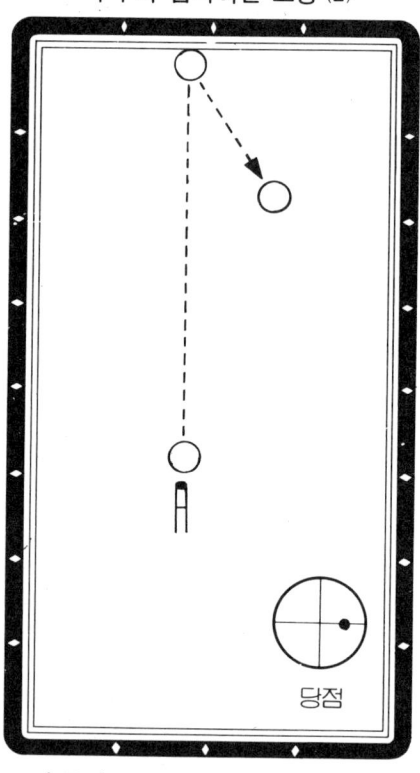

수구의 움직이는 모양 (2)

당점

수구의 오른쪽 옆을 쳐내면 쿠션에 맞고 오른쪽으로, 왼쪽 옆을 치면 왼쪽으로 반사한다.

 수구를 쳐서 그것이 쿠션에 맞았을 때의 운동의 힘은 당점, 힘의 정도, 회전 방향 등에 따라 차이가 생기는 것이다. 이러한 원리를 전부 설명하기란 곤란하므로 여기서는 꼭 알아 둘 기본적인 운동을 설명하기로 한다.
 그 외는 각자가 실제로 쳐 보아 익히는 것이 제일 좋으며 납득이 잘 가리

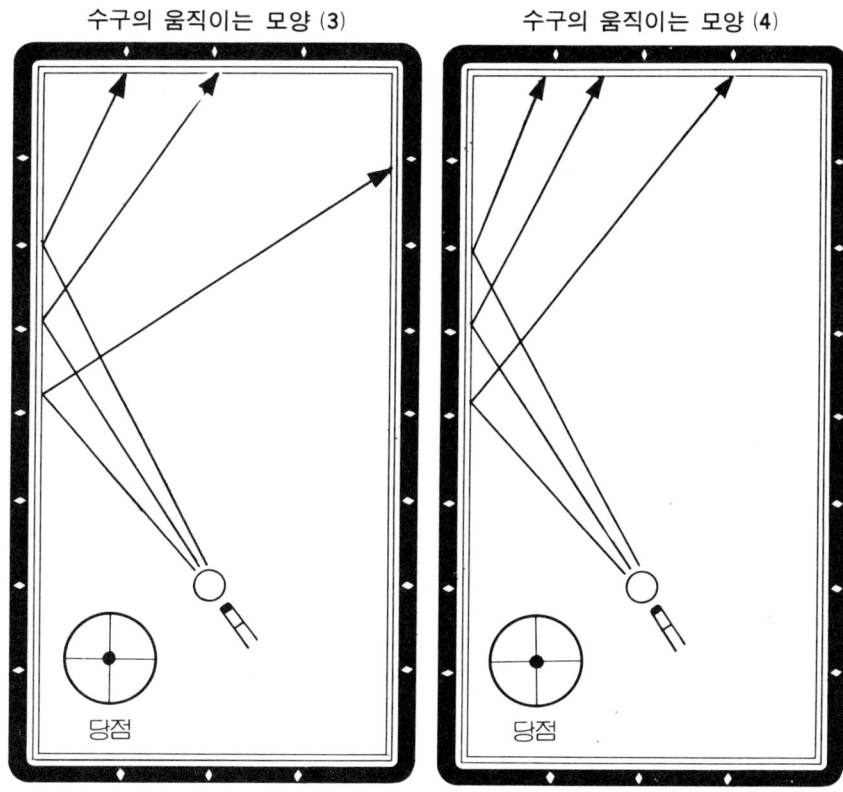

단 쿠션에 대한 공의 반사 각도의 차이를 표시한 그림. 세게치면 수구는 예각으로 반사한다.

같은 포인트라도 약하게 쳤을 때는 둔각으로 반사한다. 큐를 치는 힘의 정도에 따른다.

라 생각된다.

　수구(手球)의 입사 각도와 반사 각도는 빛이 거울에 반사하는 것과 거의 같아, 2개의 각도는 동일하다고 돼 있으나, 실제로는 수구가 쿠션에 맞았을 때 수구가 미는 강한 힘에 의해 쿠션이 약간은 비뚤어진다. 따라서 그 분 만큼 반사 각도가 적어지거나 많아지거나 하는 것이다. 그것은 수구의 강약에 의해서도 달라진다.

　이러한 점을 유념하고, 쿠션과 수구의 관계를 연구하기 바란다.

　기본적인 반사의 형태를 그림으로 설명해 둔다.

마찬가지로 같은 당점, 같은 각도에서 쳤을 때 적구(的球)에 맞았을 경

수구의 입사 각도와 반사 각도 (1)   수구의 입사 각도와 반사 각도 (2)

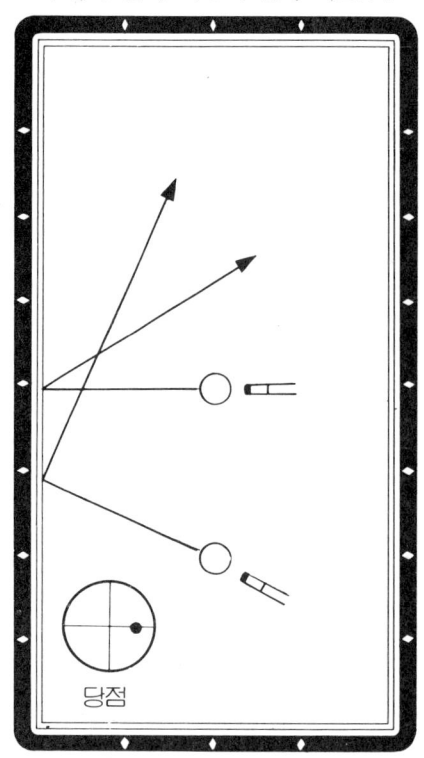
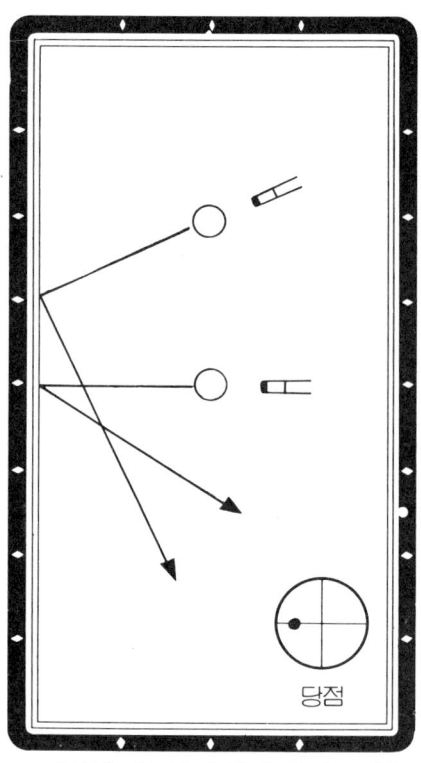

수구를 쿠션에, 직각과 비스듬히 맞힌 경우의 차이이다.

앞서의 타구법과 같게 하되, 당점을 반대로 잡아 진로를 알아둔다.

진은 오른쪽 그림.
의 샷과 같다.

기초 기술편 61

우는 어떻게 되나를 그림으로 살펴보기 바란다.

수구의 입사 각도와 반사 각도 (3)

수구의 입사 각도와 반사 각도 (4)

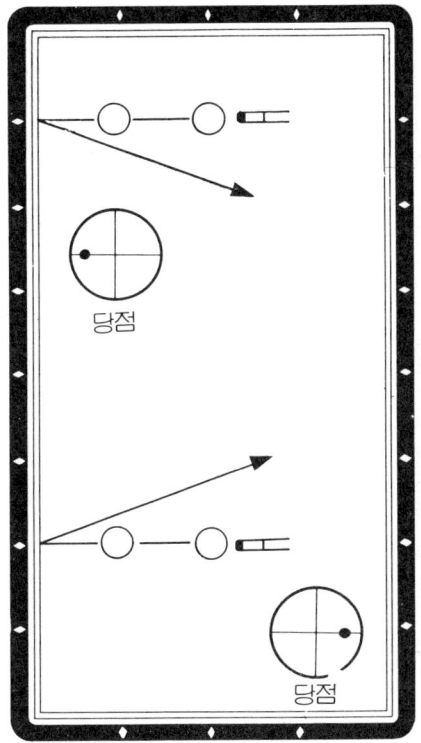
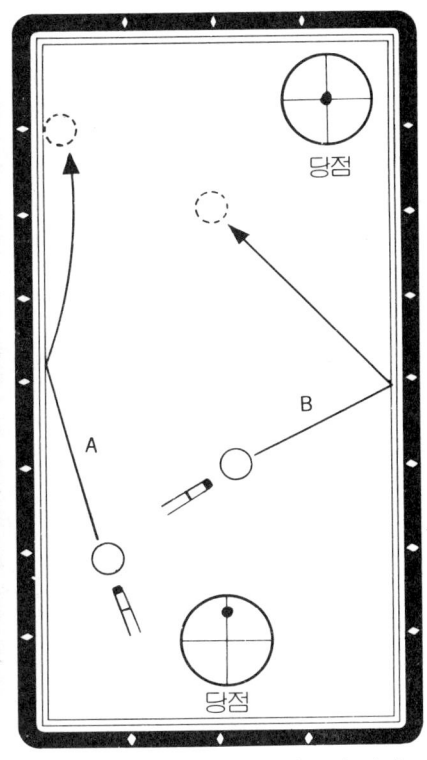

수구를 쿠션에 직각으로 맞힌 경우로, 당점을 바꿔서 친다.

A는 쿠션에 가까운 위치에서 친다.
B는 반사가 직각과 다를 바 없다.

사진은 왼쪽 그림,
위의 셧과 같다.

〔중심 아래를 쳤을 때〕　　〔공(空) 쿠션〕

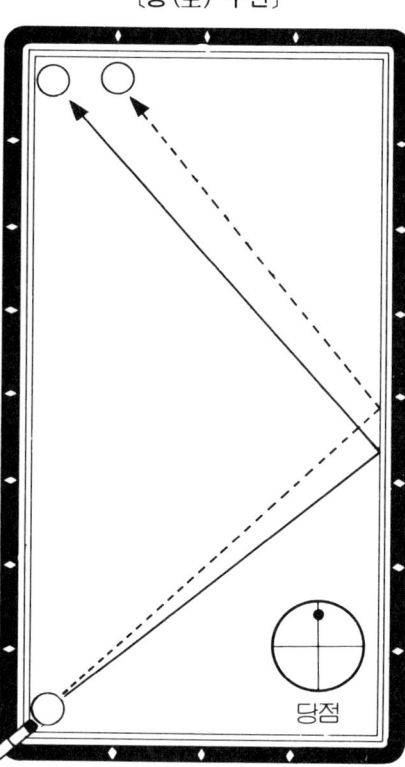

당점　　　　　　　　　　　당점

지금까지 연습한 요령으로, 이번에는 중심 아래에 당점을 잡는다.　　쿠션의 반사 각도의 산출을 정확히 외두자.

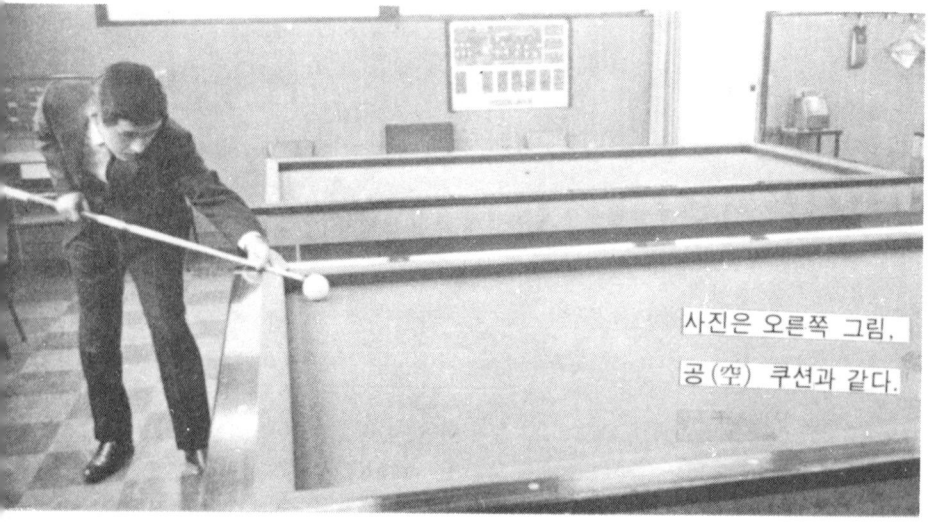

사진은 오른쪽 그림,
공(空) 쿠션과 같다.

기초 기술편 63

④ 수구와 적구의 두껍기

실제로 경기를 즐기고 있으며 흔히 두껍게, 얇게, 2분의 1, 4분의 3, 4분의 1 따위와 같은 말을 듣게 되는 수가 있다. 이것은 수구를 섯하여 적구에 맞히는 각도의 겨냥을 눈가늠으로 말하고 있는 것이다.

실전에 있어 필요한 것이며 연습시의 지침이 되는 것이므로 잘 외워두기를 바란다.

정면, 2분의 1, 3분의 1, 3분의 2, 4분의 1, 4분의 3의 6종류가 있다.

정면 —— 이것은 수구로 적구의 정면을 맞히는 것이다.
2분의 1 —— 수구를 적구의 절반 오른쪽 또는 절반 왼쪽을 쳐서 맞힌다.
3분의 1 —— 수구를 적구의 3분의 1의 곳에 맞힌다. 오른쪽, 왼쪽이 있다.
3분의 2 —— 수구를 적구의 3분의 2의 두껍기로 오른쪽, 왼쪽에 맞힌다.
4분의 1 —— 수구를, 적구의 4등분한 1점에 맞힌다.
이것은 매우 얇은 공 잡는 법이 된다.
4분의 3 —— 4등분한 적구의 4 대 3의 비율인 곳에, 수구를 맞힌다.
이것은 매우 두꺼워, 정면치기 다음으로 겹친 타구법이다.

이상이 두껍게 잡는 법, 겨냥법인데 어느 경우이든 적구의 가로(橫) 중심선의 연장과, 수구 세로(從) 중심선의 연장의 접점(T점)이, 반드시 목표한 곳에서 맞부딪치는 듯이 겨냥해야 한다.

두껍(게치)게 치는 방법 1

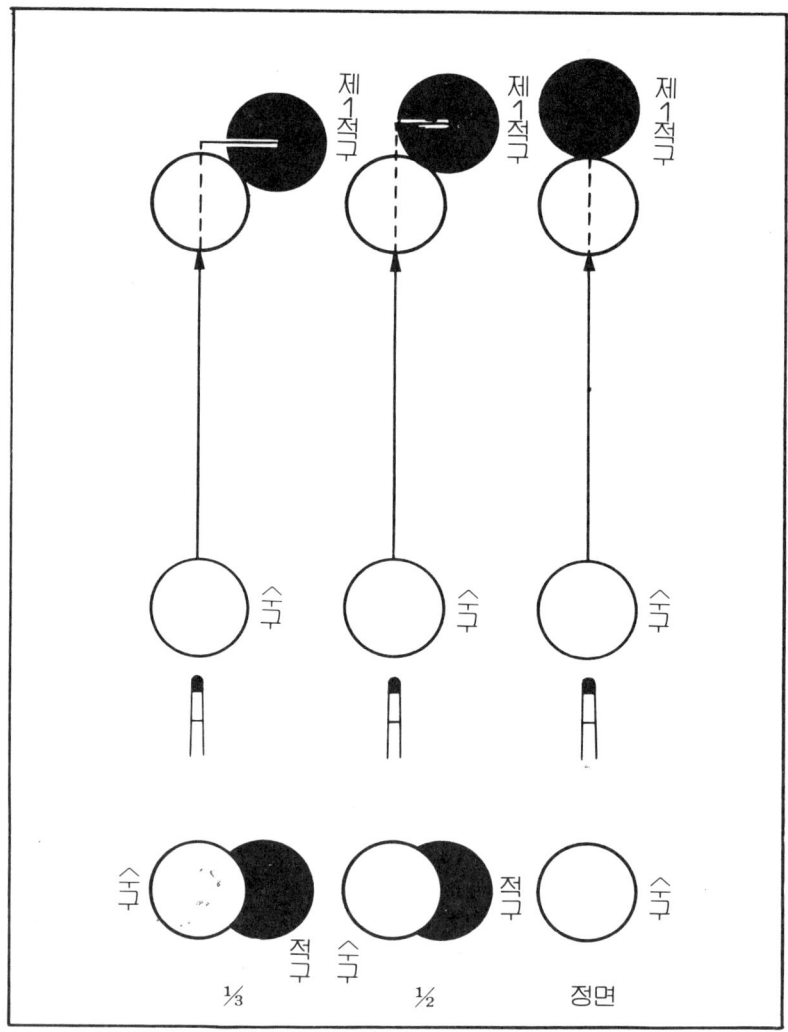

　두껍게 치는 방법을 알기 쉽게 공 위에서 도해한 것으로, 당점은 전부 중심이 된다. 정면치기의 경우는 수구와 적구가 겹쳐있어, 1/2, 1/3의 두껍기로 잡으면, 바로 앞에서 보아 아래의 그림과 같게 된다.

두껍(게치)게 치는 방법 2

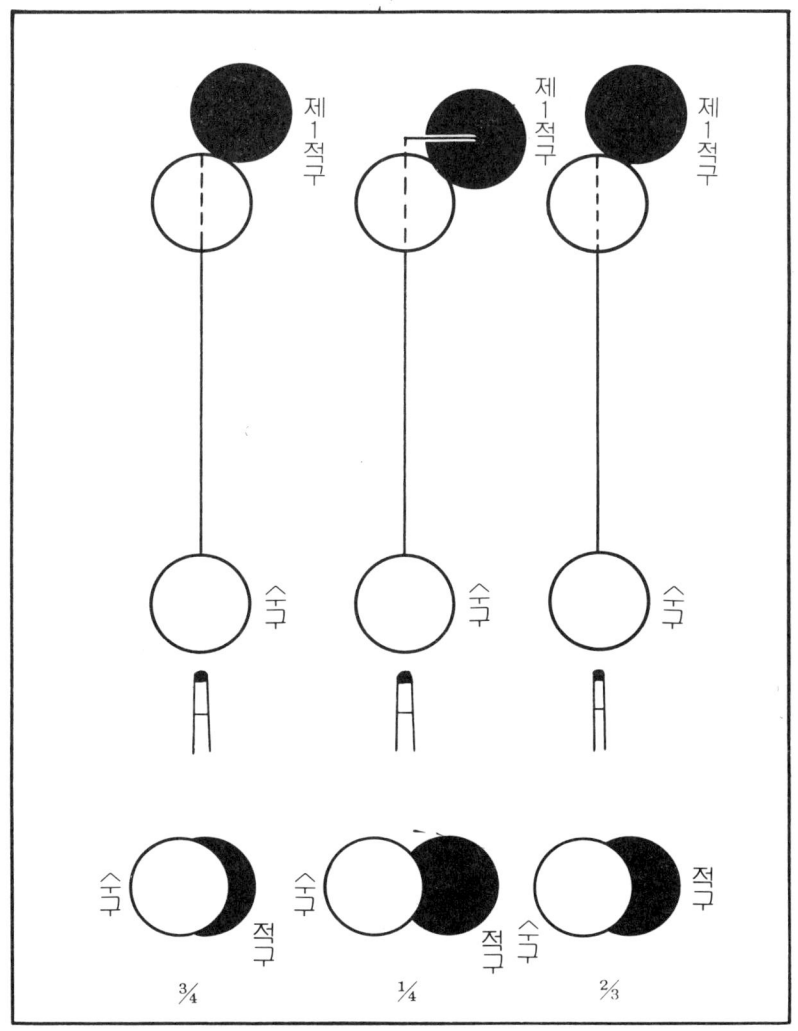

 2/3의 두껍기가 되면 절반보다 조금 겹쳐진 상태로, 흔히 끌어치기 등에 쓰인다. 1/4이 되면 거의 겹쳐있지 않으므로, 얇게치기가 되며 3/4에선 거의 겹쳐 있다. 이것은 밀어치기에 쓰인다.

1/2의 두껍기로 쳤을 때의 수구의 진행 방향

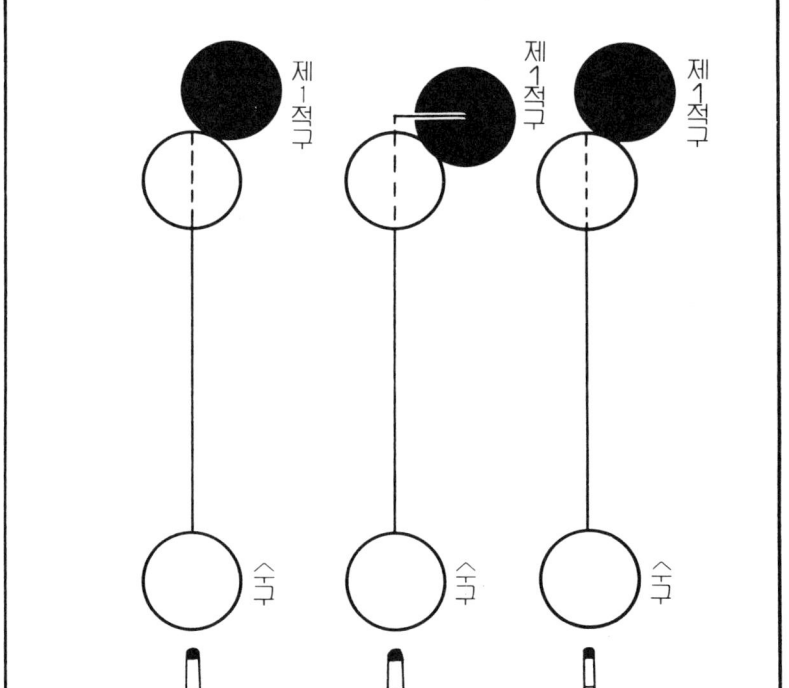

두껍기와 수구가 나아가는 코스를 도해한 것으로, 모두 다 1/2의 두껍기를 잡고 있다. 당점을 바꾸는 데 따라 자연히 적구 밑 수구가 나아가는 방향이 달라진다. 이 두껍기에 힘의 배분을 연구하도록 한다.

◈ 얇은 공 치는 법

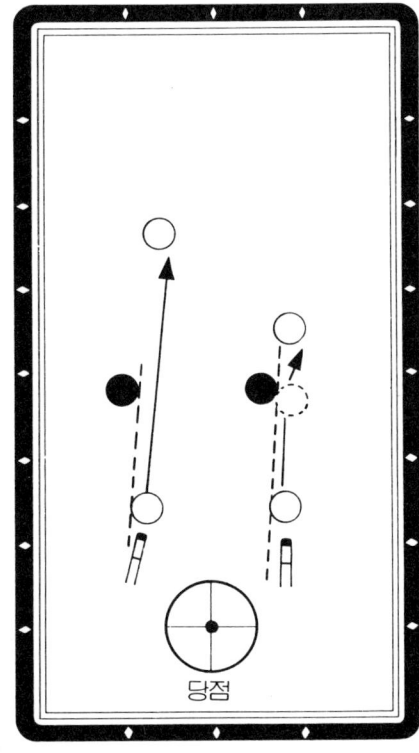

얇은 공이라 함은 〈형으로 겹쳐 있는 공의 배열이다. 그 겨냥법과 당점의 설명도.

그림에서는 수구가 제1적구와 합쳐, 즉 제2적구와 중심점 가까이에서 겹쳐 있으므로, 제2적구를 겨냥하여 수구에 얇게 맞힌다(속칭, '벗기다'라고 함).

❖ 얇게 쳤을 때 수구의 진행 방향

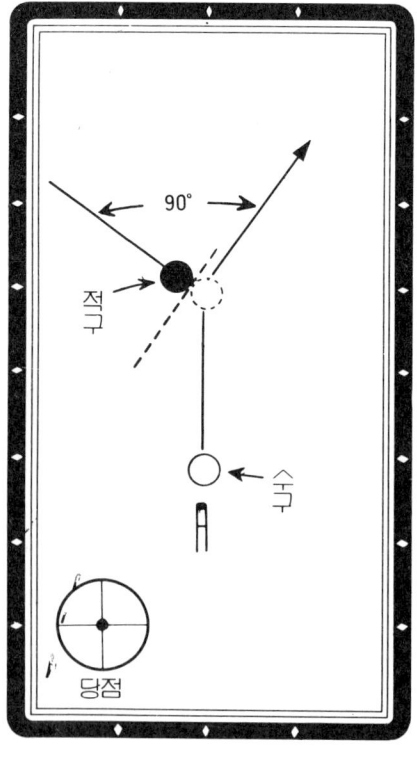

 구대 위에 적구를 1개 놓고, 수구를 적구에 얇게 맞힌 경우의, 수구와 적구의 진행 방향과 각도를 표시한 그림이다.
 당점은 수구의 중심을 쳐서 적구의 오른쪽 1/4쯤 겨냥하여 셧하면 이 방향으로 간다.

기초 기술편 69

◈ 적구의 겨냥법 [1]

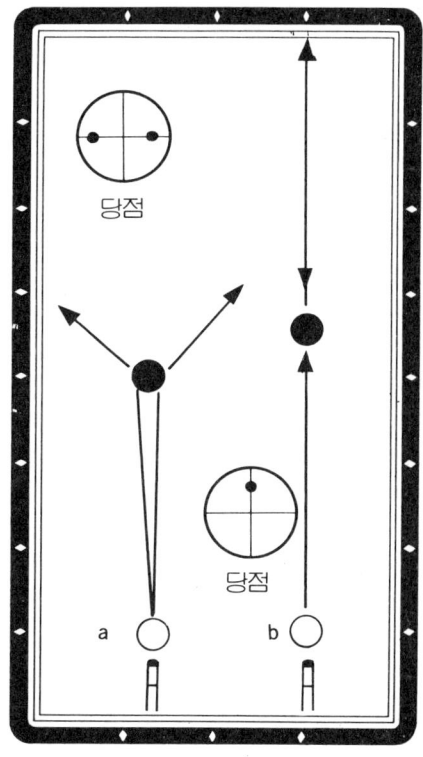

A는 당점 오른쪽 옆, 왼쪽 옆과 반대쪽으로 두 가지 진행 방향을 설명한 그림이다.

B는 당점을 중심 위로 잡고, 적구의 중심을 겨냥한 셧의 경우이다. 이 진로를 외워두면 표적을 겨냥하기가 수월해진다.

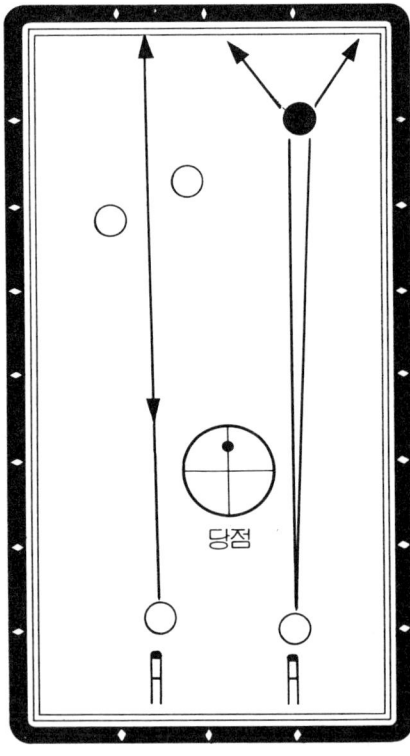

◈ 적구의 겨냥법〔2〕

그림의 오른쪽은 앞 페이지의 A 의 변형으로 중심을 쳐도, 거의 같은 진로를 잡는 것을 알 수 있 다. 적구가 멀리 있어 중심 위를 때린다.

왼쪽 그림은 겨냥한 곳으로 똑 바로 가게 하는 연습과 제1적구 제2적구를 잡는 실용예를 겸하고 있다.

제 4 장

실 기 편

여기까지 기초적인 것은 거의 설명했으므로 이제부터 실기로 들어간다. 그러나 하나하나 문장으로 설명하면 오히려 진전이 늦어지기 쉬워 이 장에서는 모두 사진과 그림으로 설명하겠기에 당구를 칠 때 이 책을 옆에 하여 그대로 연습하거나 실제로 이러한 공의 형태가 생겼을 때(를 가상하여) 참고로 한다든가 하는 식으로 외워두기를 바란다.

시각적으로 머리에 그려 넣은 후에 실제로 시도해 보면 완전히 당신의 것이 될 것이다.

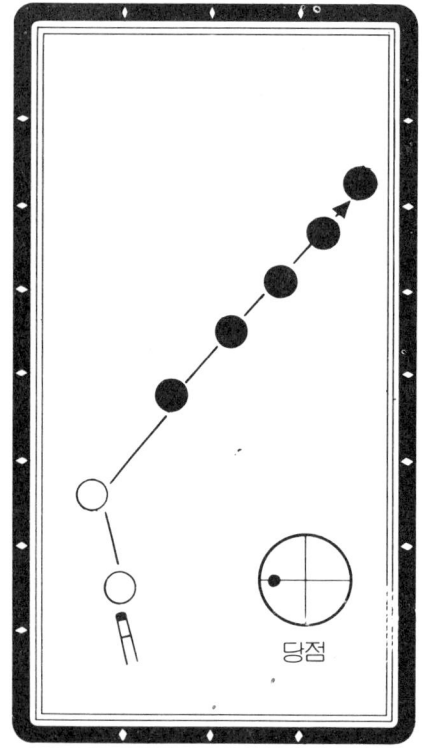

✧ 삼각구(이지 볼) 잡는 법 [1]

구대 위에 공을 3개(수구·적구 2개)를 놓고 이른바 '삼각구 (긴따마)' 잡는 연습방법을 설명한 그림이다.

제2적구를 조금씩 이동시켜 연습한다.

실 기 편 73

◈ 삼각구(이지 볼)
　　잡는 법〔2〕

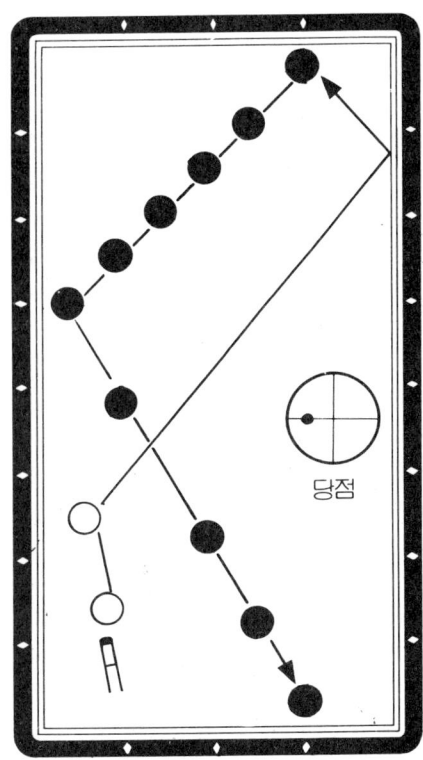

앞 페이지의 패턴과 같은 것인데 어느 것이나 수구가 제1적구에 맞고 반사하여 그대로 굴러가는 진로 위에, 제2적구가 배치되어 있다. 이 경우는 앞 페이지의 경우와 마찬가지로 왼쪽 옆이 당점인데 상당히 세게 때려야 한다.

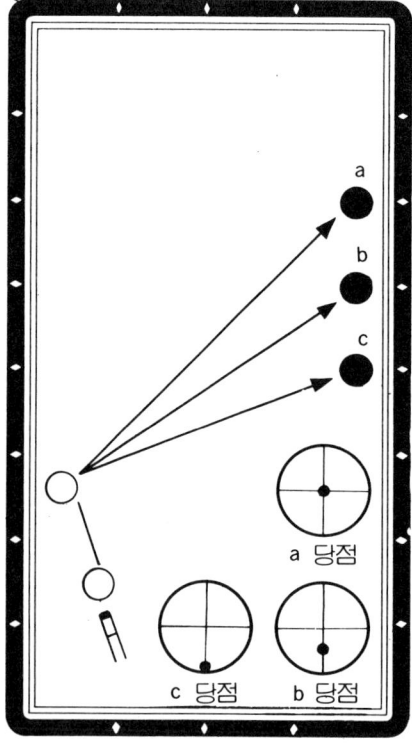

◈ 삼각구(이지 볼) 잡는 법〔3〕

 역시 삼각구치기의 연습으로 옆으로 벌어진 배열인 경우의 치기 예이다. 수구와 제1적구와 제2적구를 연결하는 직선이 둔각이 되는 경우에는 중심 가까운 당점도 괜찮지만, 각도가 예각일수록 당점을 아래로 내린다.

실 기 편 75

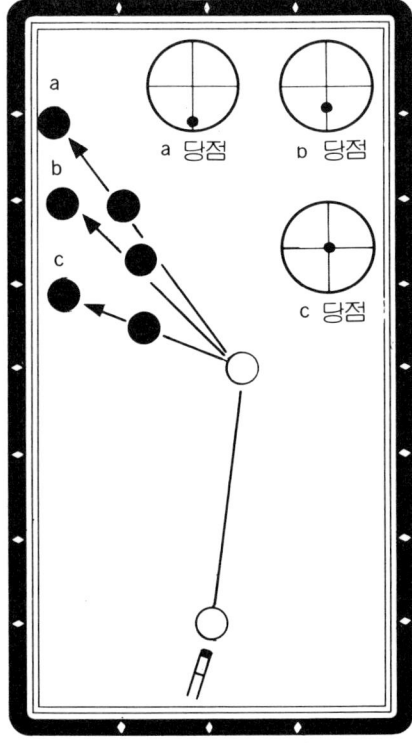

◈ 삼각구(이지 볼)
　　잡는 법 [4]

앞 페이지의 반대 방향의 치기 예로, 이것 역시 당점을 중심에서 중심 하반쯤, 하반 아래로 쳐본다. 초보 단계에서는 대체로 이러한 타구법이면 잘 되므로 플레이를 즐길 수가 있다.

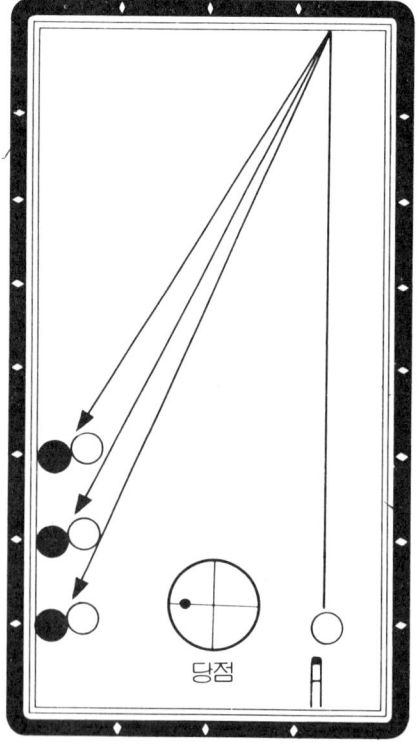

당점

✤ 비틀어치기〔1〕

공(空) 쿠션을 이용한 비틀어 치기의 연습이다.

당점을 오른편으로 잡으면 쿠션에 맞고 오른쪽으로 반사하며, 왼편으로 잡았을 때는 왼쪽으로 반사한다는 것을 먼저 머리에 넣어 두는 것이 중요하다.

실기편 77

✥비틀어치기〔2〕

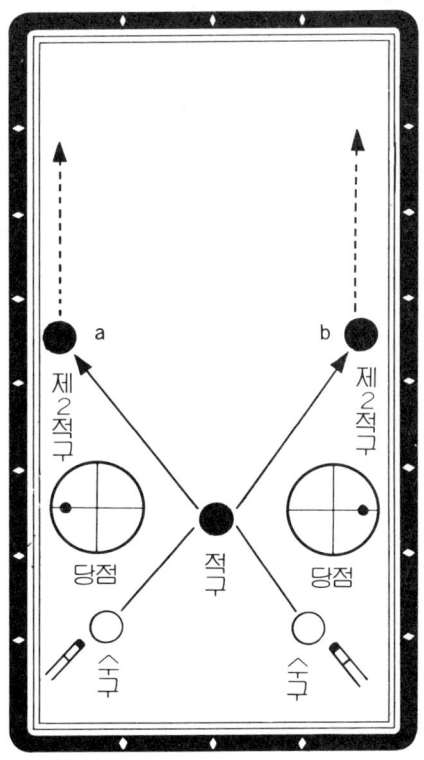

수구, 제1적구, 제2적구를 연결하는 라인이 〈형일 때 중심, 중심 위, 중심 아래의 당점으로 잡지 못하는 경우가 있다. 이 때 비틀기공을 이용하여 잡도록 한다.

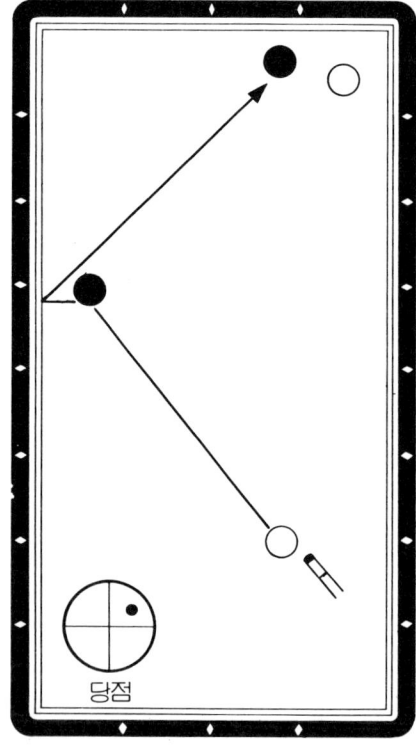

◈ 반사구(反射球)
　　　타구법〔1〕

　일종의 바꿔보내기의 방법으로 여러 가지 국면에 활용할 수 있는 기술이다.
　제1적구가 쿠션에 닿아있거나 약간 떨어져 있을 정도의 경우는 이 타구법이 매우 쓸모가 있다.

✥ 반사구(反射球) 타구법 [2]

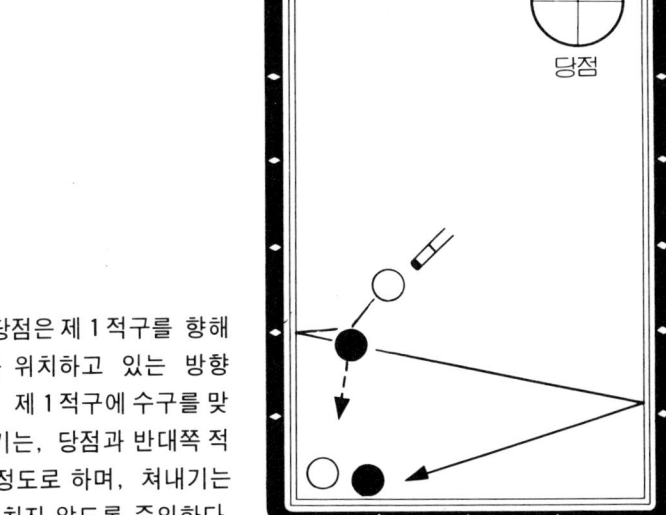

수구의 당점은 제 1 적구를 향해 제 2 적구가 위치하고 있는 방향을 잡는다. 제 1 적구에 수구를 맞히는 두껍기는, 당점과 반대쪽 적구의 1/3 정도로 하며, 쳐내기는 너무 세게 치지 않도록 주의한다.

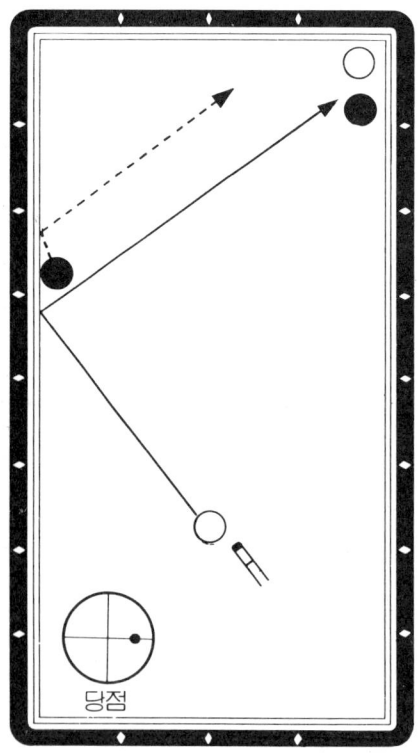

❖ 걸쳐치기 [1]

반사구치기와 아주 흡사한 것으로 걸쳐치기라는 타구법이 있다. 이것은 반사구치기와 같이 쿠션에서 제1적구가 떨어져 있을 때는 그다지 효과가 없는 타구법이다.

❖ 걸쳐치기〔2〕

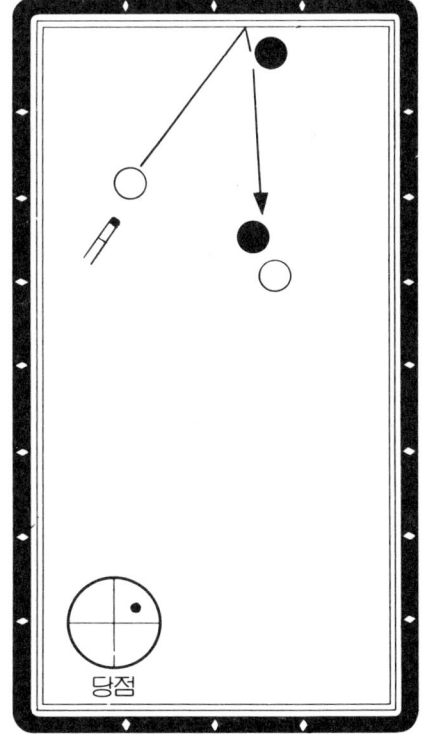

 제1적구가 쿠션에 아주 아까울 경우는 제2적구가 위치하고 있는 방향으로 수구의 당점을 변경한다.
 쿠션에 한 번 보냈다가 제1적구에 맞히도록 한다. 제1적구보다 공의 절반쯤 바로 앞 쿠션에 맞힌다.

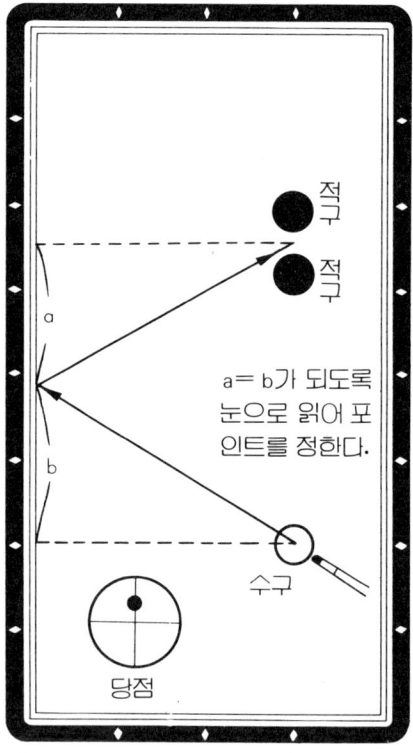

✥ 공(空) 쿠션 잡는 법과 겨냥법〔1〕

공 쿠션 겨냥법과 잡는 법이다. 단 쿠션을 이용하여 쿠션에 넣는 경우의 포인트를 산출하는 계산 방법을 설명하고 있다.

공 쿠션으로 잡는 경우는 당점을 중심 위로 잡는다.

✧ 공(空) 쿠션 잡는 법과 겨냥법〔2〕

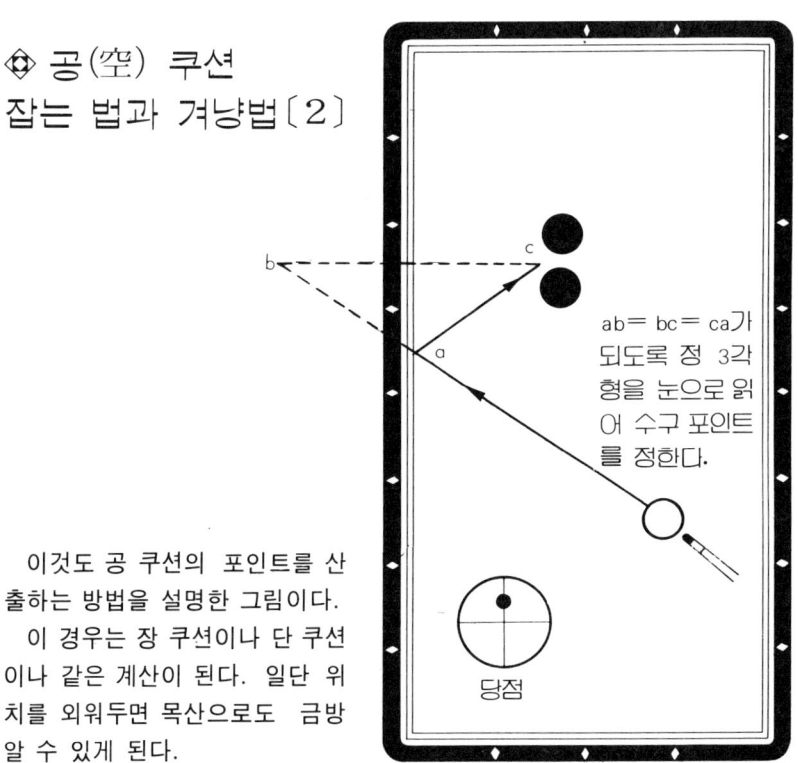

ab＝bc＝ca가 되도록 정 3각형을 눈으로 읽어 수구 포인트를 정한다.

당점

　이것도 공 쿠션의 포인트를 산출하는 방법을 설명한 그림이다.
　이 경우는 장 쿠션이나 단 쿠션이나 같은 계산이 된다. 일단 위치를 외워두면 목산으로도 금방 알 수 있게 된다.

✧ 공(空) 쿠션 잡는 법과 겨냥법 [3]

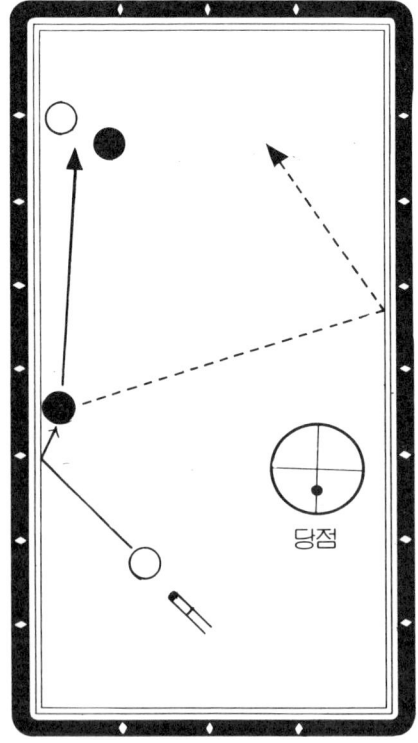

공 쿠션잡기의 연습으로, 제1적구가 쿠션에 접근되어 있는 경우로, 제2적구와 제1적구는 일직선으로 나란히 위치하고 있다.
 당점은 중심에서 약간 아래가 되며 공 쿠션을 조금 세게 이용한다.

◈ 공(空) 쿠션
   잡는 법과 겨냥법〔4〕

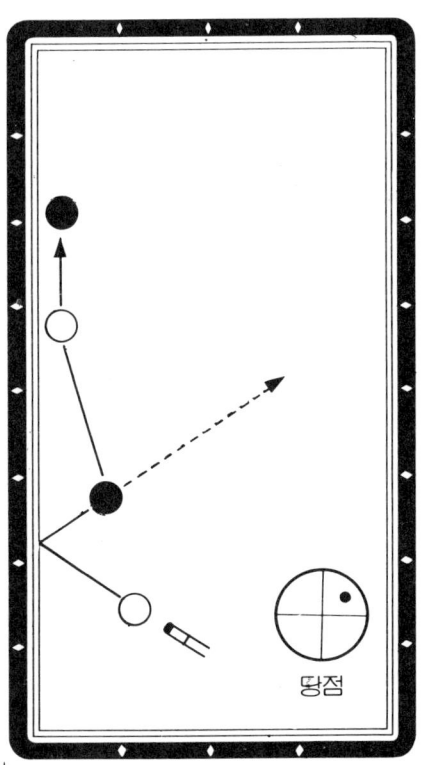

앞 페이지와 같은 패턴인데 적구가 앞 페이지보다 쿠션에 접근되어 있지 않다. 이것은 완전한 공 쿠션과 밀어치기를 혼합한 것이므로, 당점을 훨씬 위로 해서, 적구가 있는 방향을 겨냥한다.

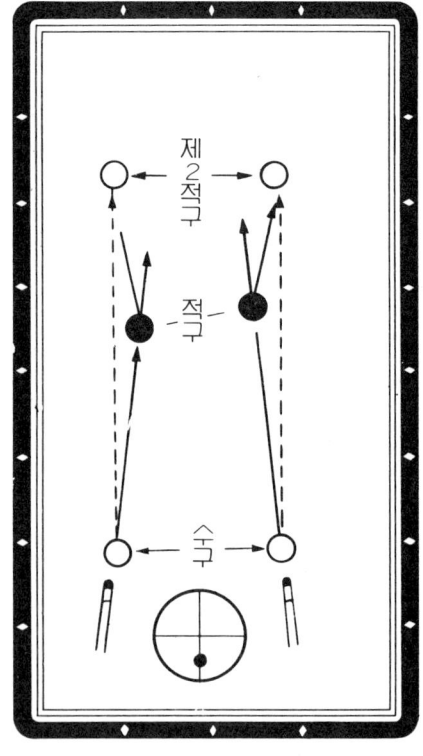

◈ 원거리의
　　밀어치기 타구법

　밀어치기 방법을 사용할 경우, 언제나 제1적구나 제2적구가 쿠션에 접해 있는 것이 아니다.
　이런 밀어치기인 경우에는 중심보다 약간 아래를 당점으로 하여, 수구의 겨냥을 제1적구가 아니라 제2적구의 중심을 겨냥한다.

실 기 편 87

❖ 근거리의 밀어치기 타구법

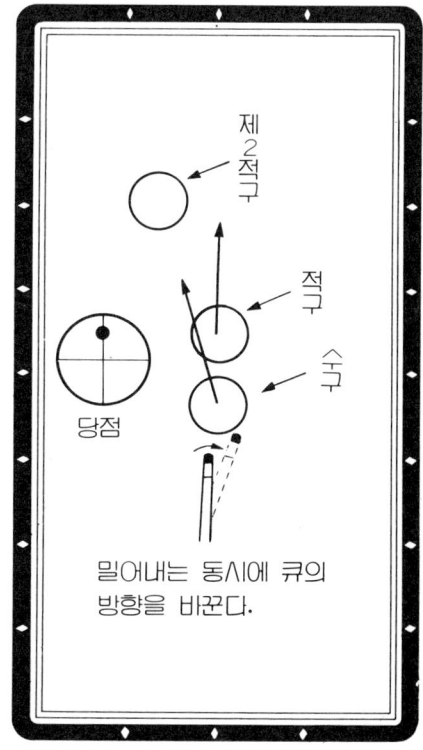

아주 가까운 거리에 배열되어 있는 경우의 밀어치기의 방법이다.
 이런 가까운 밀어치기의 경우는 당점을 중심보다 위에 잡고, 큐를 밀어내어 큐 끝으로 수구를 밀어내듯이 한다. 쳐냈을 때 큐의 방향을 바꾼다.

❖ 쿠션을 이용한 밀어치기 타구법

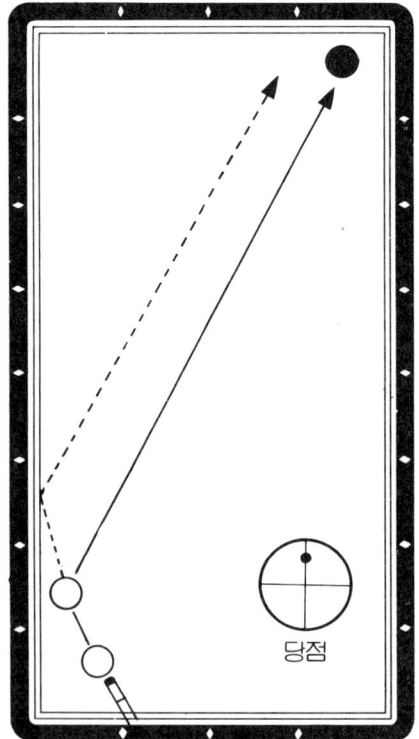

밀어치기의 방법으로 가장 일반적인 것은 똑바로 밀어내는 경우이다.

제2적구가 멀리 떨어져 있거나 얇게 맞혀 밀어야 할 경우는, 이와 같이 반 밀어치기의 방법을 취한다.

실 기 편 89

◈ 끌(어치)기의
　　　　연습 [1]

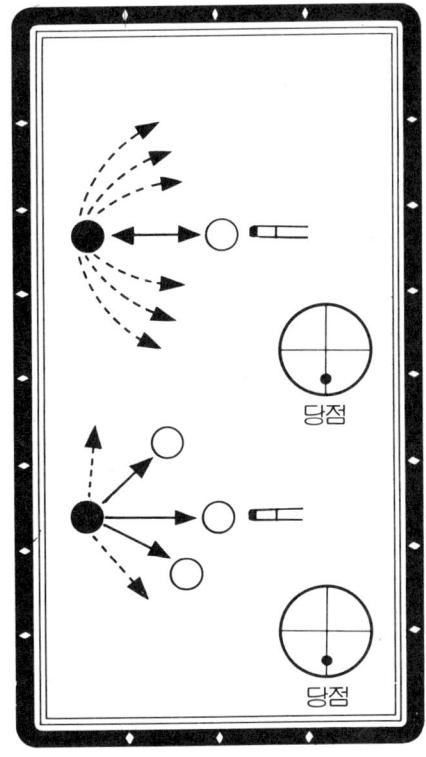

　이것은 끌어치기의 기본 연습이다. 수구의 중심 아래를 당점으로 하여, 큐 끝을 수구에 맞혔다가 바로 끌어당기듯이 하는 타구법이다.
　같은 당점에서 적구에 맞히는 두껍기를 변경함에따라, 수구가 되돌아오는 방향이 달라진다.

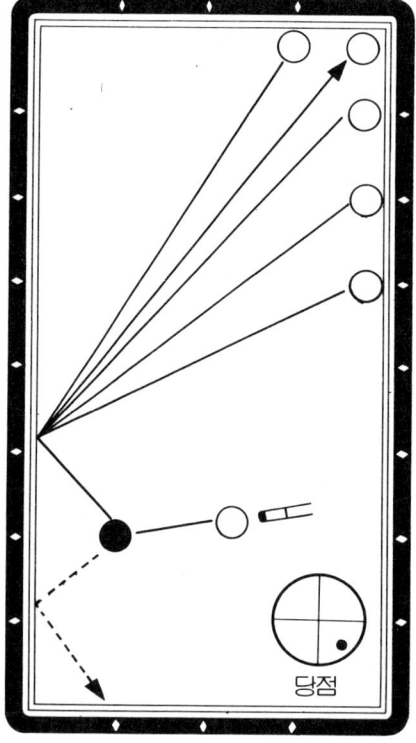

◈ 끌(어치)기의
　　　연습〔2〕

　원 쿠션을 이용한 끌어치기 연습의 실용 예이다. 이런 경우 오른편 아래에 당점을 위치하고, 큐 밀기는 조금 세게 친다.
　수구를 제1적구에 맞히는 두껍기의 차이로 수구가 쿠션에 맞은 다음의 진로가 달라진다.

실 기 편 91

◈ 끌(어치)기의
　　　　겨냥법

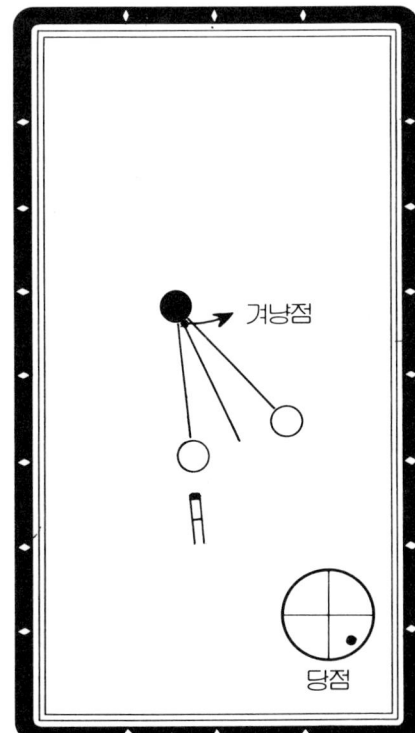

당구 경기를 습득하는 중 제일 어렵다 생각되는 것이 끌어치기의 공 잡는 법이다.

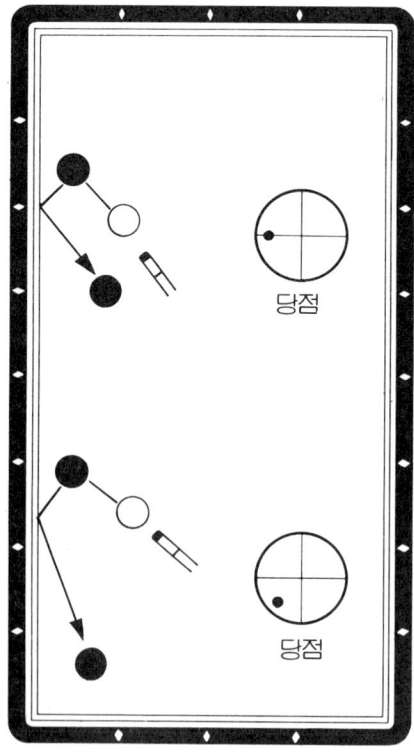

✧ 쿠션을 이용한 끌(어치)기 타구법 〔1〕

실제로 수구 제1적구, 제2적구를 배치하여 잡는 실용 예이다. 끌어치기로 잡는 법도 직접끌기라 불리우는, 쿠션을 이용하지 않는 끌어치기 보다는, 쿠션을 이용하는 방법이 간단하며 활용 범위도 넓다.

✥ 쿠션을 이용한 끌(어치)기 타구법〔2〕

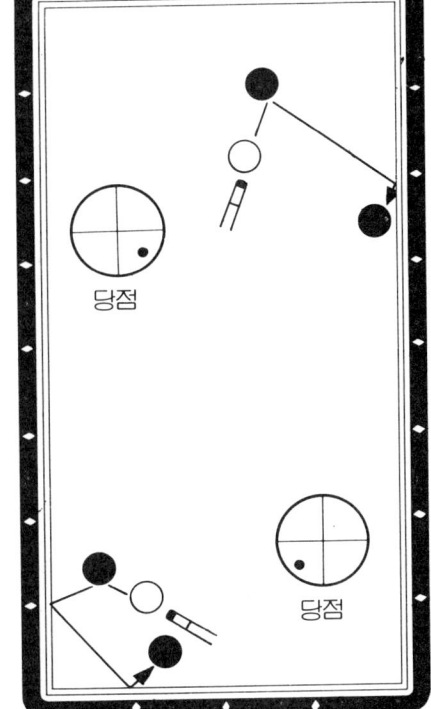

끄는 각도가 예각일수록 힘을 힘껏 넣어 쳐내는 경우가 많다. 이러한 경우에는, 너무 큐 끝을 세게 밀면 수구가 튀어올라 점프될 염려가 있으므로 주의한다.

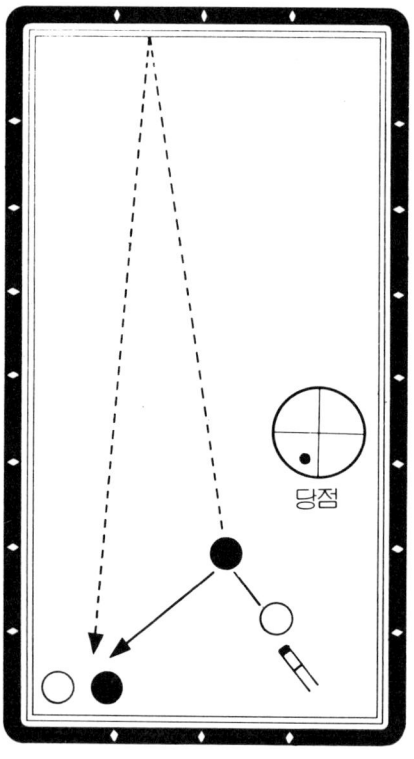

◈ 끌(어치)기 타구법〔1〕

당점

끌어치기를 훌륭히 구사할수 있게 되면 고도의 기술인 공을 모으는 모아치기의 방법을 수월히 습득할 수 있게 된다. 이 경우는 적구의 진행 방향을 염두에 두면서 두껍기를 산출한다. 힘은 약간 가해 세게 친다.

◈ 끌(어치)기
　　타구법〔2〕

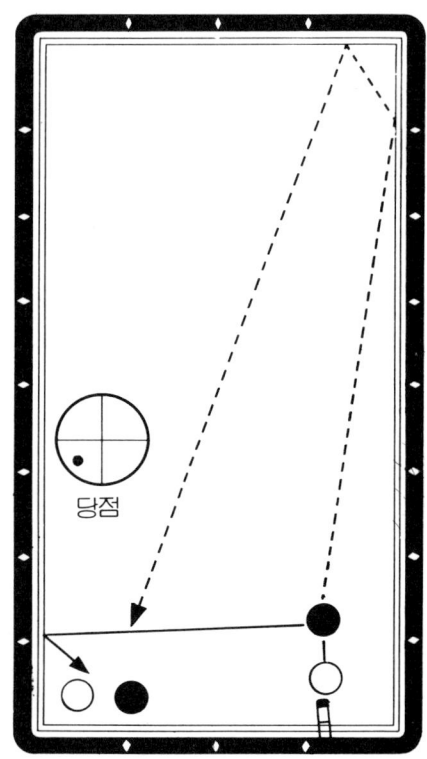

이것도 모아치기의 기법을 활용한 끌어치기 타구법이다.

그림과 같이 바로 옆으로 끄는 방법은 많이 쓰이는 것이므로 완전히 마스터하기 바란다. 적구에의 두껍기는 제2적구가 있는 방향으로 1/2로 한다.

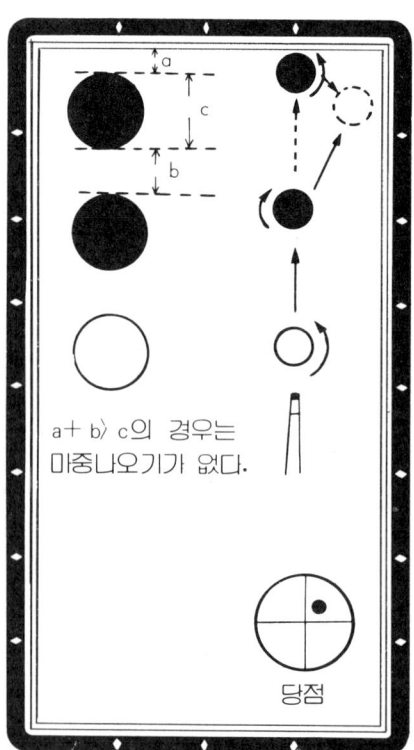

◈ 밀어마중나오기 타구법 [1]

쿠션에 접해, 적구와 제2적구가 똑바로 나란히 있는 경우는, 밀어 마중나오기를 이용한다.

중심보다 약간 왼쪽 또는 오른쪽을 치며, 겨냥은 수구의 중심과 제2적구의 중심이 겹치게 하여 큐를 내민다.

실기편 97

◈ 밀어마중나오기
　　　타구법〔2〕

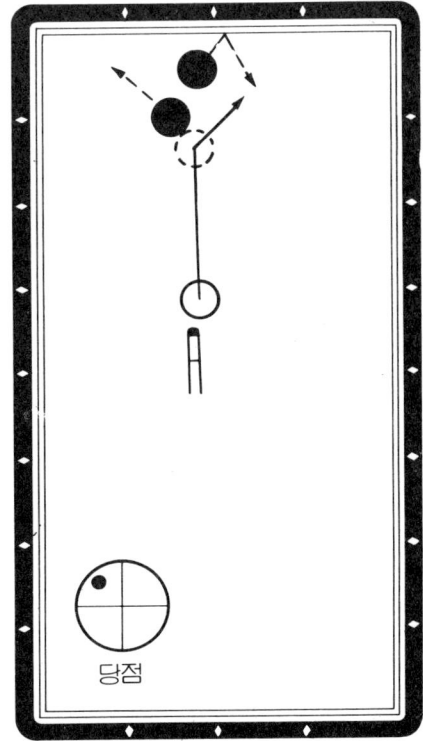

　수구와 적구, 제 2 적구를 연결하는 라인이 똑바르지 않고, 〈형이 되어 있을 때도, 역시 밀어 마중나오기로 잡는 법은 마찬가지 방법이다. 수구의 당점 방향과 반대 방향으로 제 2 적구가 나오게 된다.

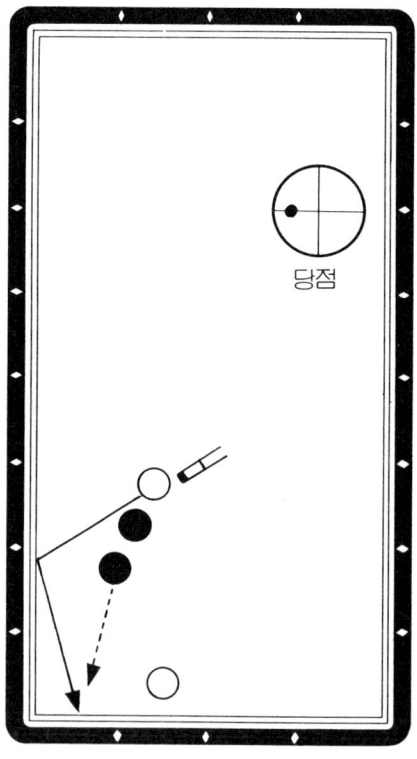

◈ 밀어마중나오기
　　타구법〔3〕

당점

　이것은 같은 마중나오기 타구법이지만 고도의 방법으로, 수구 자신이 쿠션을 이용하여 제2적구에 맞히는 방법이다. 수구로 제1적구를 밀어내어, 그 적구의 힘으로 제2적구가 밀려나가며, 수구는 쿠션의 반사에 의해 맞게 된다.

실 기 편 99

◈ 공(球) 쿠션 잡기〔1〕

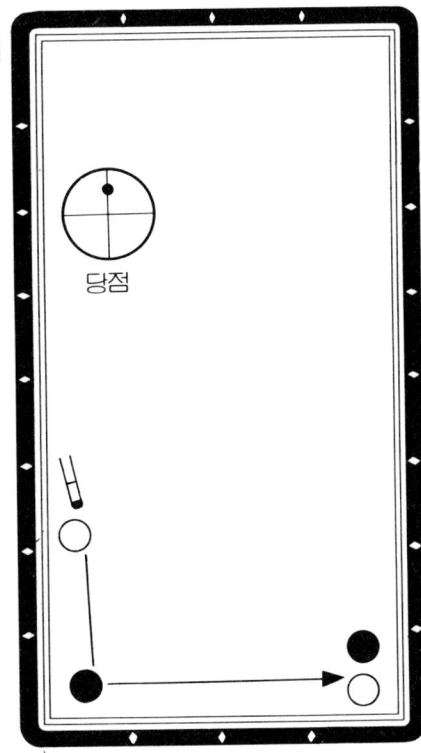

쿠션에 적구나 제2적구가 접근해 있는 경우, 마중나오기로 잡는 법 외에, 공(球) 쿠션으로 잡는 법이 있다.

이것은 수구가 제1적구의 튀어나오는 힘을 빌어, 제2적구에 맞히는 방법이다. 두껍기를 적구의 1/2로 잡는다.

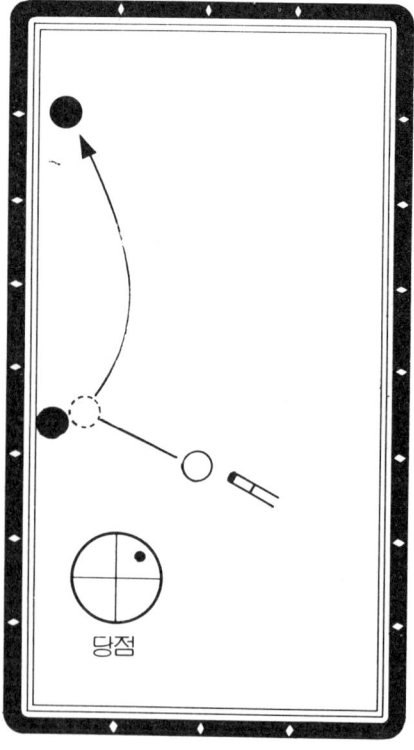

◈공(球) 쿠션 잡기〔2〕

공(球) 쿠션 잡는 법의 실례로, 변칙적 패턴인 경우의 타구법이다. 적구가 쿠션에 잇닿아 있다. 수구의 당점을 위쪽, 제2적구가 있는 방향에 잡고, 조금 세게 적구에 맞힌다. 수구는 활 모양으로 굽어서 제2적구에 맞는다.

실 기 편 101

❖공(球) 쿠션 잡기〔3〕

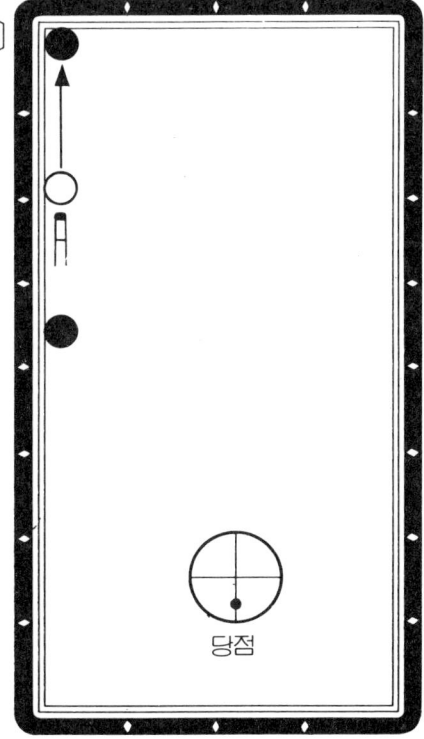

　이 공(球) 쿠션 잡는 법은 끌어치기와 같은 요령이다. 공(球) 쿠션 중에서 흔히 쓰이는 방법으로, 일반적인 타법이라 말을 할 수 있다.
　당점은 중심 아래에 큐를 정한다.

❖투우 쿠션 잡는 법

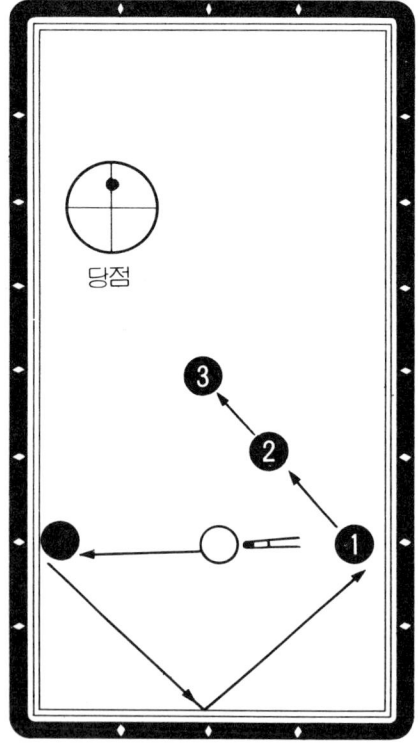

당점

　연습 때부터 삼각공(이지볼) 이외는 반드시 쿠션에 놓고 이용하도록 유념한다.
　이것은 보통 삼각 쿠션이라 불리우는 타구법으로 누구나 이대로 연습하면 반드시 코스로 진행한다.

실기편 103

✥ 드리이 쿠션 잡는 법

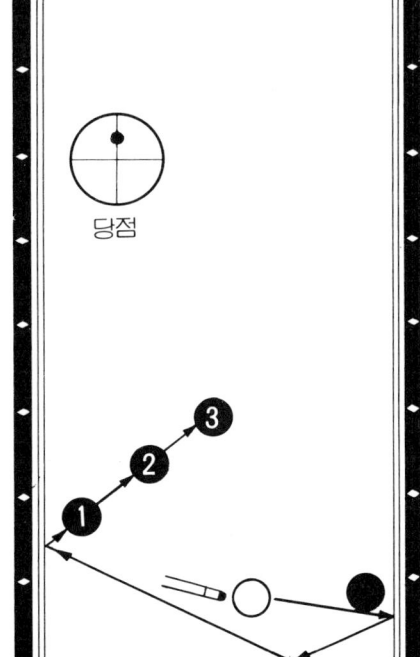

당점

이것은 삼각 쿠션으로 잡는 변칙 패턴으로 3개소의 쿠션을 이용하고 있다.

힘을 너무 가하지 않도록 주의하여 제2 적구의 위치를 조금씩 멀리 이동시켜 수구의 달리는 코스를 외두기를 바란다.

◈ 밀어치기로 잡는 법〔1〕

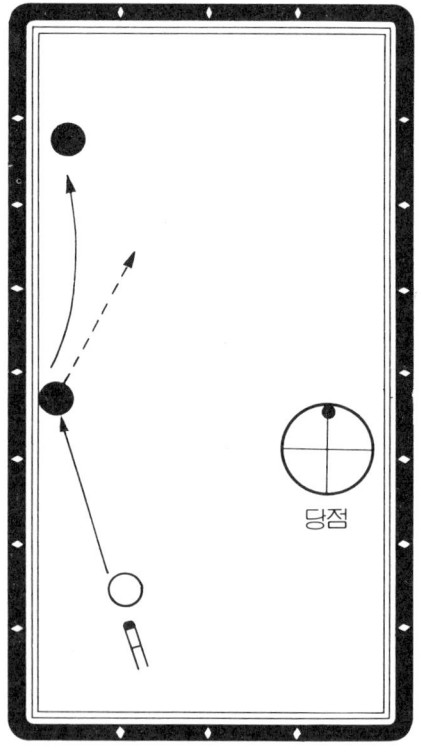

밀어치기의 응용으로 고도의 기술을 요하는 타구법이다.

큐를 보통으로 내밀면, 수구와 적구가 함께 제2적구방향으로 진행하므로, 제1적구에 두껍게 맞추어, 적구를 수구의 코오스 밖으로 빗나가게 한다.

실기편 105

◈ 밀어치기로
     잡는 법〔2〕

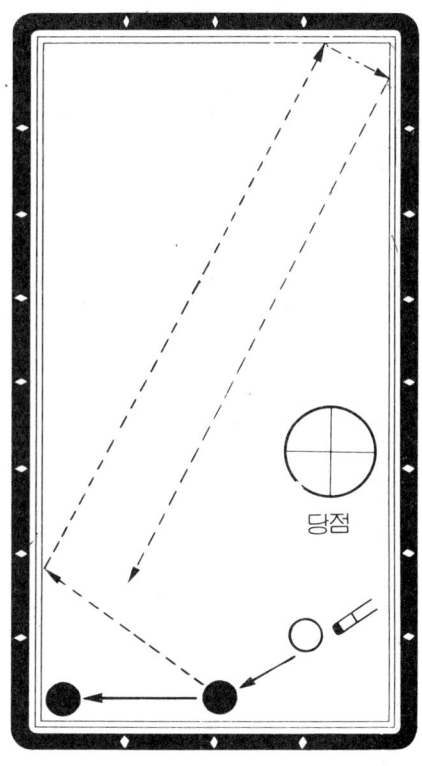

이것도 앞 페이지와 마찬가지로, 밀어서 빼는 타구법으로 고도의 기술을 요한다.

수구를 제1적구에 두껍게 조금 세게 맞히는데 이 경우, 수구가 제2적구에 맞고 멈추는 정도의 힘으로 타구한다.

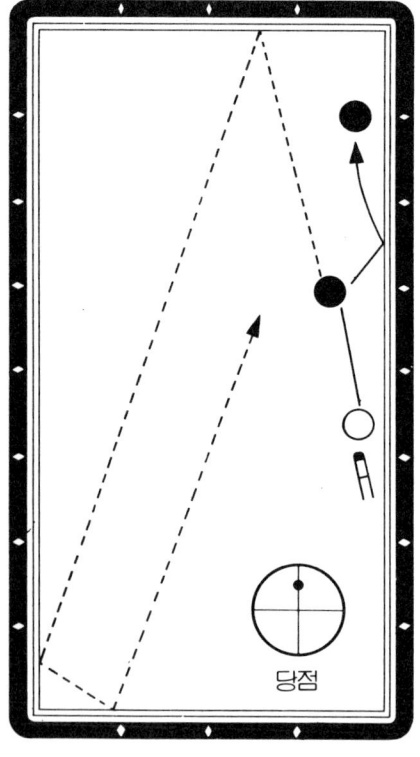

◈ 밀어치기로
　　잡는 법〔3〕

 이것도 상당히 고도의 기술을 요하는 타구법이다.
 어렵게 생각하지 말고 실제로 타구해 보도록 한다. 적구의 밑 둥을 쳐서, 수구는 한 번 쿠션에 맞은 후 구부러져 제2적구쪽으로 진행한다.

제 5 장

고급 기술편

① 모아치기

　보통의 기술을 어느 정도 마스터했으면 이번에는 고도의 기술을 습득하도록 해야 한다.
　이에는 모아치기, 맛세, 세리 등의 종류가 있다. 이 중 세리는 가장 고도의 기술을 요하는 기법이다. 본서는 어디까지나 입문서이므로 주로 모아치기, 맛세에 대해서 사진과 그림으로 설명하기로 한다. 사진과 그림을 대비하면서 기술 습득에 노력하기를 바란다.
　4구 경기에서 좀 향상되면 4개의 공을 이리저리 흩어지게 하지 않고 한 군데에 모아가며 칠 수 있게 된다. 이쯤 되면 공은 모아진 채 얼마든지 쳐나갈 수가 있는 것이다. 모아갈 경우 수구를 적당히 죽이거나 또는 달려 돌아오게 하여 언제든 자기가 쉬운 위치에 수구를 남기는 사람을 모아치기를 잘하는 사람이라 한다.
　이렇게 한 군데로 모으는 기법을 몇가지 실제 예를 들어본다.

사진은 모아치기 중 초심자도 구사할 수 있는 모아치기라 말할 수 있다

◆ 모아치기의 방법 [1]

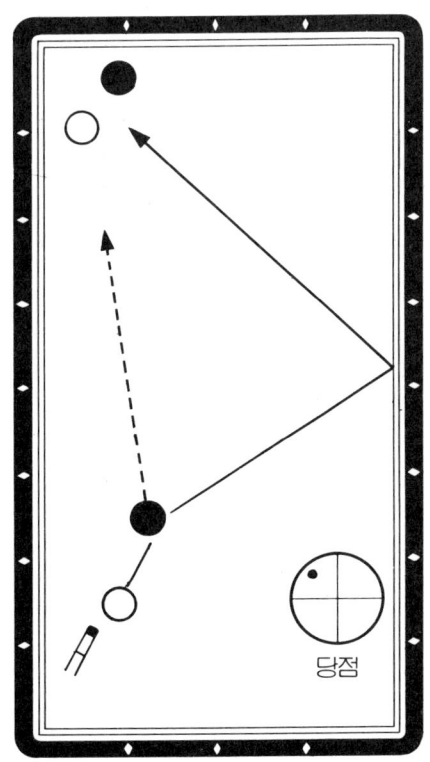

 모아치기는 상당히 어려운 타구법으로 되풀이 연습을 하여 납득이 갈 때까지 반복하여 익히지 않으면 안 된다.
 이것은 적구를 직접 제2적구에 모으는 방법으로 적구의 두껍기는, 오른쪽 1/4의 곳으로 약간 세게 친다.

❖ 모아치기의 방법〔2〕

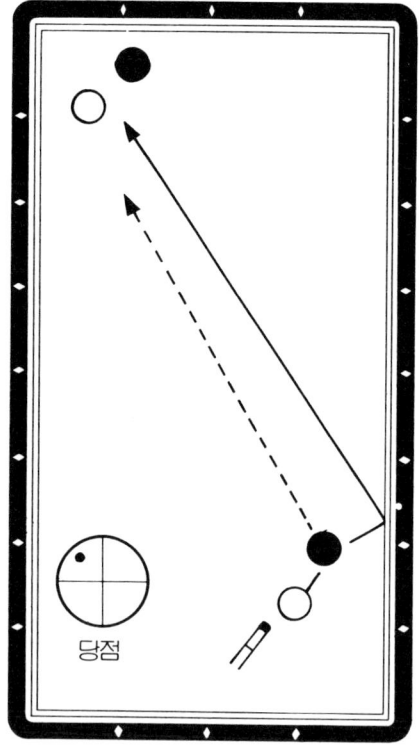

이것도 앞 페이지와 마찬가지로, 적구를 직접 제2적구가 위치하는 곳으로 모으는 방법으로, 적구에는 두껍게 맞히지 말고, 오른쪽 1/4의 두껍기로 맞힌다.

당점은 왼쪽 약간 위를 친다. 당점을 정확히 타구하는 법과 두껍기를 연구하기 바란다.

고급 기술편 111

◈ 모아치기의 방법〔3〕

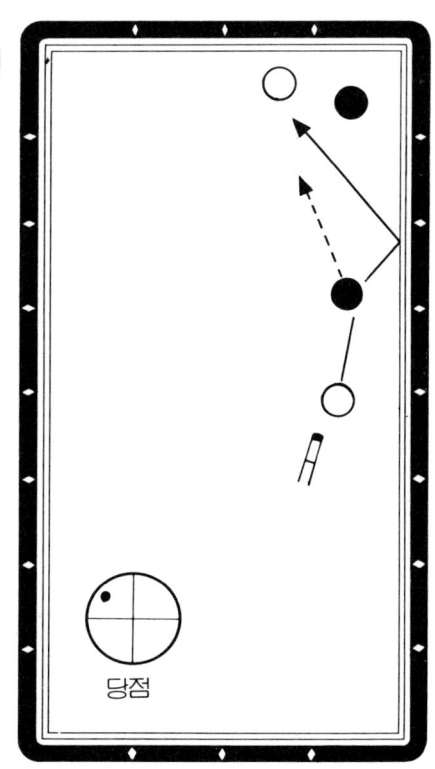

　마찬가지로 적구를 직접 모으는 방법인데, 여기서는 큐 쳐내기를 너무 세게 하지 않도록 주의하여 적구에 가급적 얇게, 오른쪽 1/4의 곳에 맞힌다.
　당점은 역시 왼편의 약간 위를 타구하도록 한다.

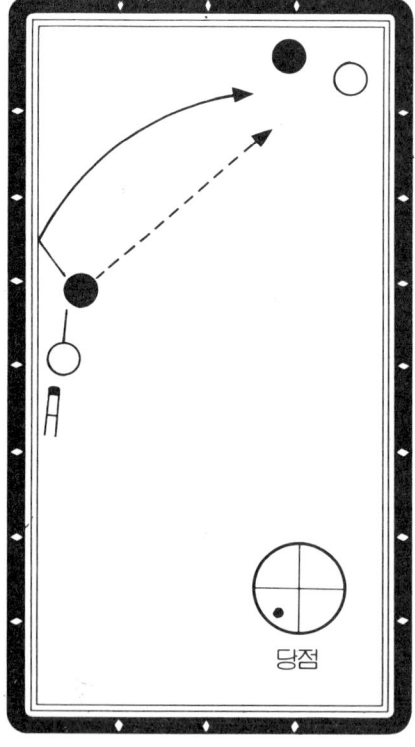

◈ 모아치기의 방법 〔4〕

당점

적구를 직접 모으는 모아치기로, 일반적으로는 밀어치기를 이용하는 방법이다.

왼쪽 아래에 당점을 위치시켜, 적구에의 두껍기를 왼쪽으로 1/4로 하고, 역(逆) 비틀기의 커브로 돌려 잡는 방법이다.

❖ 모아치기의 방법〔5〕

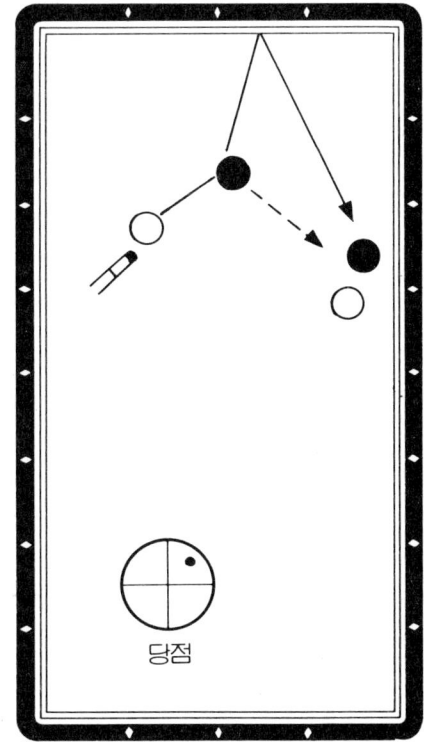

세리치기라 일컫는 최고의 테크닉을 구사할 때에, 이 모아치기를 사용하면 치기 쉬운 모양이 된다.

당점을 오른쪽 위로 잡고, 적구의 왼쪽 1/2의 두껍기로 너무 세게 치지 않도록 주의한다.

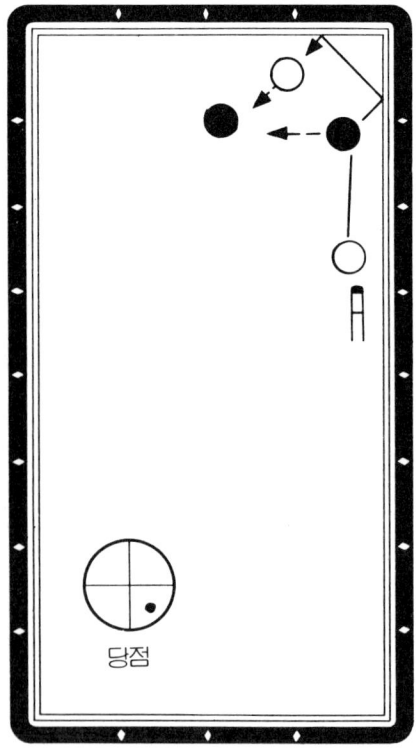

◈ 모아치기의 방법〔6〕

두 개의 쿠션을 이용하여 잡는 적구를 직접 모아치는 방법이다. 수구에 역(逆) 비틀기가 가해지도록, 큐를 쳐낸다. 당점은 오른쪽 아래 부분으로, 적구에는 아주 얇게 맞히도록 한다.

고급 기술편 115

❖ 모아치기의 방법 [7]

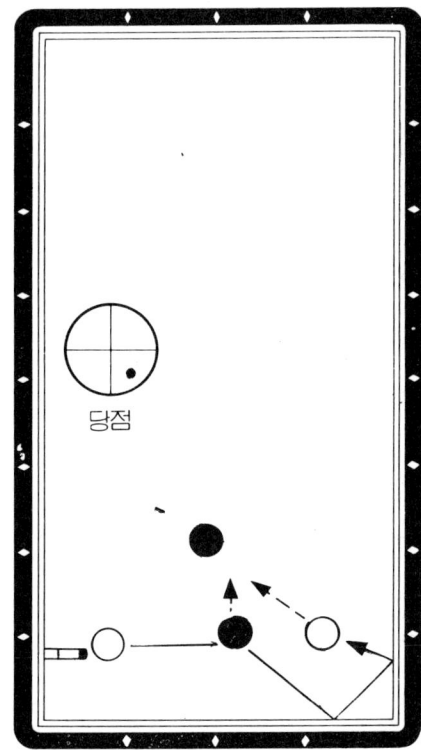

당점

이것도 앞 페이지와 같은 타구법으로 역시 두 개의 쿠션을 이용하여, 적구를 직접 모으는 방법이다.
　당점을 오른쪽 아래로 잡고, 적구에의 맞히는 정도는 아주 얇게 맞히도록 한다.

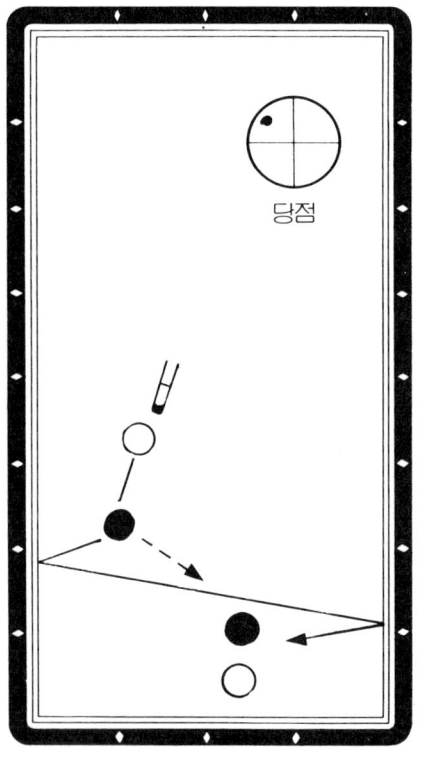

◈ 모아치기의 방법〔8〕

두 개의 쿠션을 이용하여 적구를 직접 제2적구 위치로 모아치는 방법이다.

보통 가벼운 밀어치기를 이용하는데 적구가 도망가지 않도록 왼쪽 위를 쳐서 적구에 얇게 맞히는 방법을 취한다.

◆ 모아치기의 방법 [9]

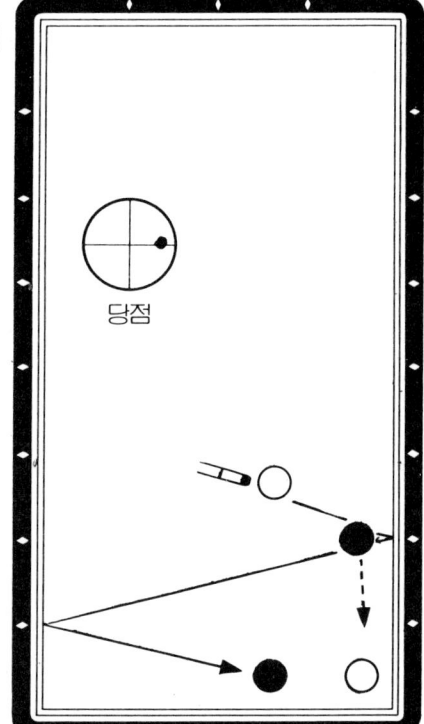

당점

　이것은 보통 단순한 반사구(反射球)치기로 처리하면 된다.
　수구가 제 2 적구에 맞을 정도의 힘을 가하는 것이 필요하므로 이런 종류의 반사구치기 이용의 모아치기를 충분히 연습하도록 한다.

✥ 모아치기의 방법〔10〕

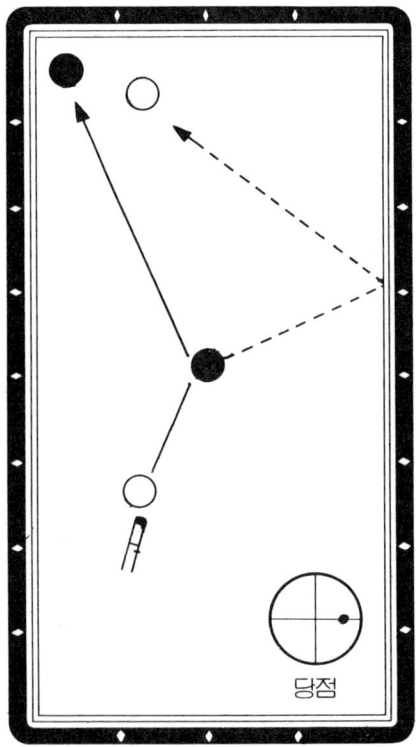

 이것은 적구를 한 번 쿠션에 넣었다가 모으는 타구법이다.
 당점을 오른쪽 옆으로 잡고, 적구 1/3의 곳에 수구를 맞힌다. 수구에 역 비틀기가 가해져 제2적구에 맞고 힘이 약해진다.

✥ 모아치기의 방법〔11〕

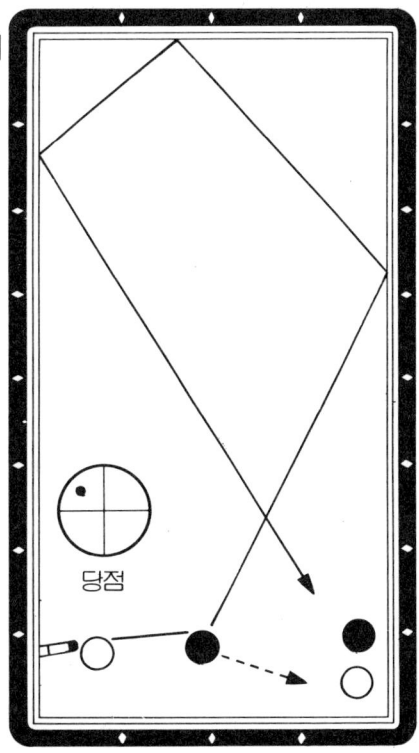

이것은 수구에 3개의 쿠션을 이용하여 적구를 직접 모아치기로 하는 타구법이다.

당점을 왼쪽 위 부분에 잡고, 수구의 적구에의 두껍기는 왼편을 살짝 스치는 정도로 한다. 이 수구의 타구법을 크게돌리기라 한다.

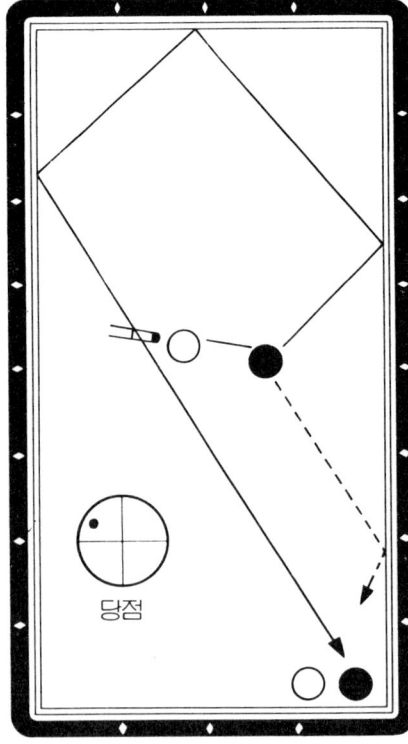

❖ 모아치기의 방법 [12]

 이 수법은 수구에 3개의 쿠션을 이용하여 적구를 한쪽 쿠션으로 모아치는 방법이다.
 당점은 앞 페이지와 마찬가지로 왼쪽 위 부분이며, 적구에는 왼편을 얇게 살짝 스치도록 맞힌다.

고급 기술편 121

❖ 모아치기의 방법 [13]

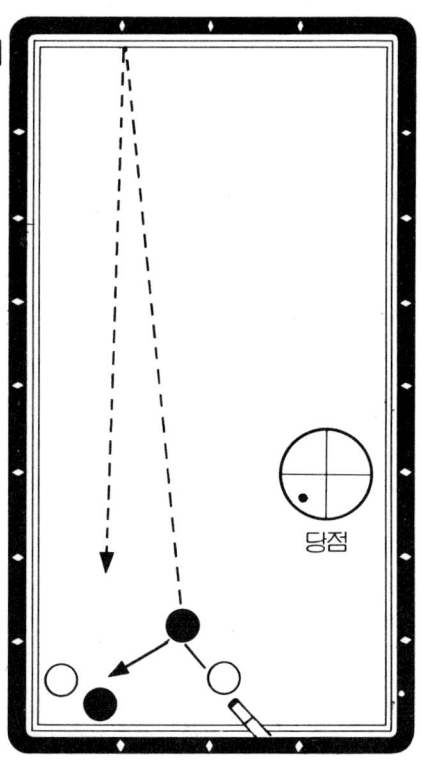

이것은 끌어치기 연습용의 모아치기의 예로, 적구는 먼 쪽 단 쿠션에 맞고 돌아온다.

힘의 조절을 연구하여, 적구가 제 2 적구에 맞고 멈출 정도로 연습하다. 당점은 왼쪽 아래이며 두 껍기는 2/3의 곳에 맞춘다.

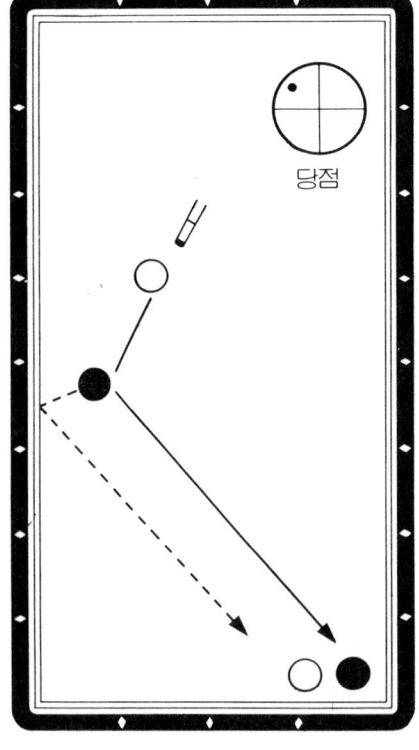

◈ 모아치기의 방법 〔14〕

적구가 한 쿠션에 맞게 하여 모아치는 방법이다.

이것은 공(球) 쿠션과 같은 방법을 활용한 것으로 큐를 상당히 세게 쳐내야 한다.

당점은 왼쪽 아래 부분에 잡고, 적구에의 두껍기는 왼쪽으로 2/3를 잡는다.

고급 기술편 123

❖ 모아치기의 방법〔15〕

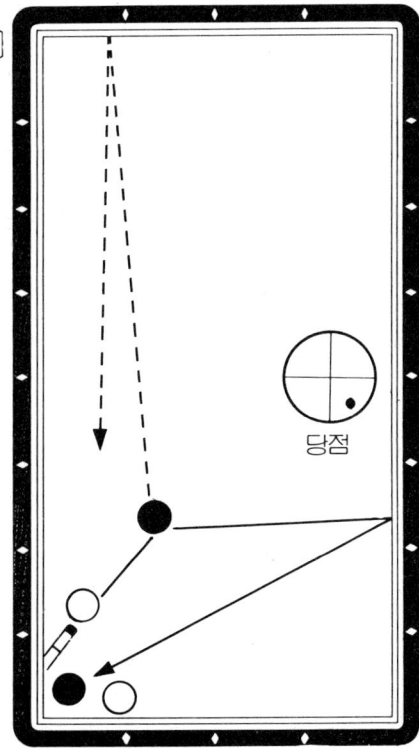

이것은 수구를 원 쿠션에 이용하여, 적구를 단 쿠션에 보냈다가 모아치기를 하는 방법이다.

당점은 오른쪽 아래 부분에 잡고, 적구에의 두껍기는 오른쪽 1/3로 하여 적구에 얇게 끌기를 걸어서 타구한다.

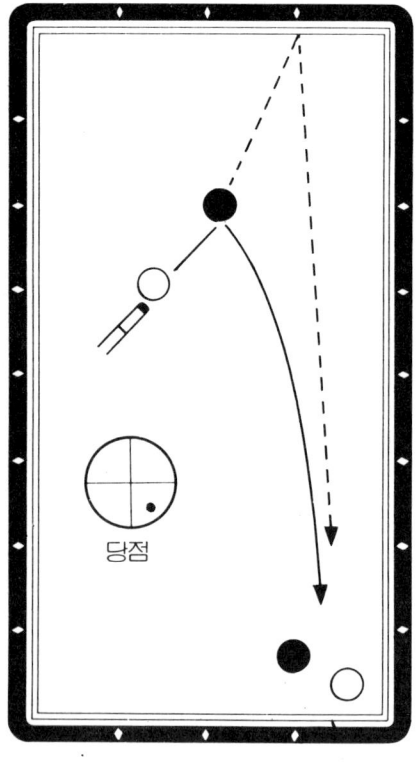

❖ 모아치기의 방법〔16〕

적구에 원 쿠션을 이용하여 모아치는 방법으로 수구의 당점을 오른쪽 아래에 잡고, 적구의 오른쪽 3/4의 두껍기로 하여 잡는다.

끌어치기를 이용하여 모으는 것이므로 큐 찌르기가 가장 중요하다.

고급 기술편 125

✥ 모아치기의 방법 [17]

끌어치기를 활용한 수구와 적구에 각기 원 쿠션을 이용한 모아치기의 방법이다.

큐를 상당히 절도있게 쳐내야 한다. 당점은 수구의 왼쪽 아래로 적구에의 두껍기 정도는 왼쪽 1/3의 곳이다.

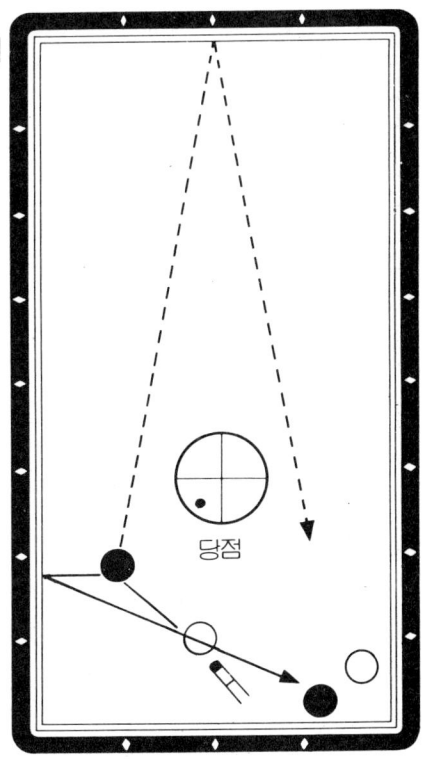

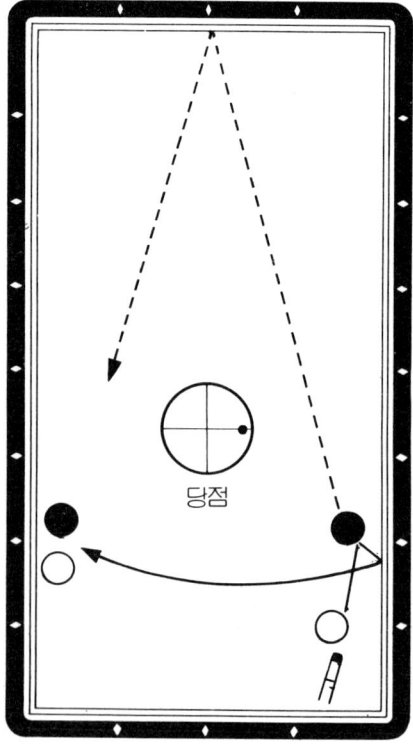

◈ 모아치기의 방법 [18]

 이것도 끌어치기를 활용한 수구와 적구에 원 쿠션을 이용하여 적구를 모아치는 방법이다.
 적구에의 두껍기는 오른쪽 3/4에 잡고, 끌기를 너무 세게 하지 말고 가볍게 끌도록한다. 연습을 거듭하여 체득하기 바란다.

고급 기술편 127

◈ 모아치기의 방법〔19〕

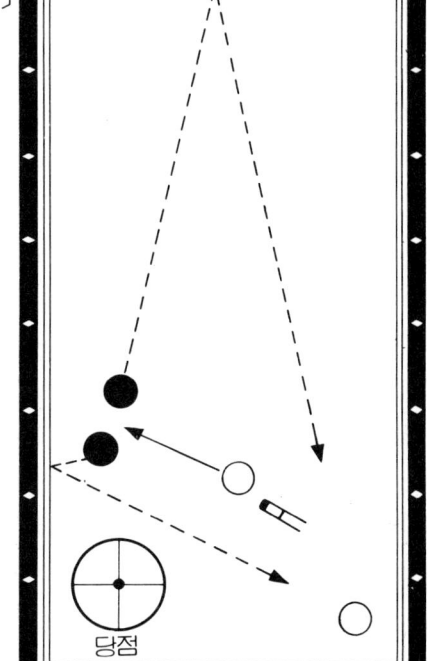

이것은 매우 고도의 기술로, 얼른 보아 쉬울 것 같지만 상당히 어려운 모아치기 기법이다.

수구의 당점을 왼쪽 옆으로 잡고, 적구에는 왼편 3/4의 두껍기로 맞힌다. 이 공은 수구를 제2 적구에 올바로 맞도록 해야 한다.

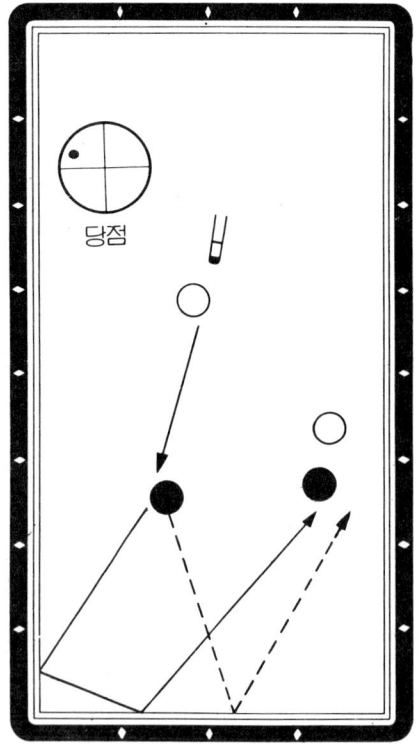

❖ 모아치기의 방법 [20]

당점

이것은 어려운 모아치기 방법으로 수구를 2개 쿠션에, 적구를 원 쿠션에 보냈다 모으는 방법이다.

당점은 수구의 왼쪽 위에 잡고 두껍기는 오른쪽 2/3의 곳을 잡는다. 큐를 자르듯이 가볍게 타구한다.

② 맛 세

맛세는 그림과 같이 수구와 적구가 프론즌(밀착)되어 있거나 적구 뒤에 숨어있을 때 즉, 보통의 타구법으로는 도저히 잡을 수 없는 공도 맛세를 사용함으로써 경기를 유리하게 이끄는 수가 많다.

보통의 경우, 큐는 평행으로 내미는데 이 맛세는 큐 세우기라고도 불리우며, 대면(臺面)에 수직으로 큐를 세우거나 또는 45도 각도까지로 큐를 세워서 친다.

↑ 맛세

자세는 구대에 몸을 가까이 하고, 양발을 평행히 벌리는 듯이 하며, 상체를 약간 공쪽으로 수그리며 얼굴을 큐보다 조금 앞으로 보내 공을 위에서 내려다보도록 한다.

브리지(레스트)는 우선 가운뎃손가락, 약손가락, 새끼손가락 3개를 부채 모양으로 벌려서 세우고 수구를 손바닥 안으로 넣듯이 취한다. 그리고 반면에 확실하게 고정시키고, 큐는 집게손가락의 밑부분과 엄지손가락에서 만들어지는 움푹한 곳에 넣는다. 이것이 기본적인 맛세의 브리지이다.

↑ 맛세의 자세

큐를 잡는 법은 보통 때와 전혀 달라, 엄지손가락과 집게손가락, 그리고 가운뎃손가락의 3개 손가락으로 가볍게 잡는다. 나머지 손가락은 가지런히 구부린다.

큐가 귀 곁에 오게 하며 눈길은 큐를 따라 큐 끝에서 수구에 주시하고 있어야 한다.

쳐낼 때 팔꿈치를 조금 들어올려, 손목의 힘만으로 내려친다. 이때 결코 어깨의 힘, 팔의 힘이 들어가지 않아야 한다. 손목으로만 큐를 상하로 움직이는 연습을 하도록 한다.

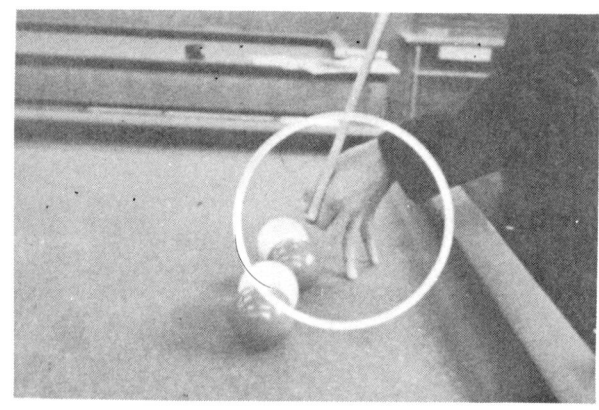

←맛세의 브리지는 왼편 사진과 같은 모양이 된다.

맛세의 큐 잡는 법은 다른 게임과 전혀 다르다. ➡

맛세의 요령은 닭이 모이를 쪼는 것과 같은 감각으로 가볍게 확실히 치는 것이 중요하다.

◈ 맛세로 치는 각도

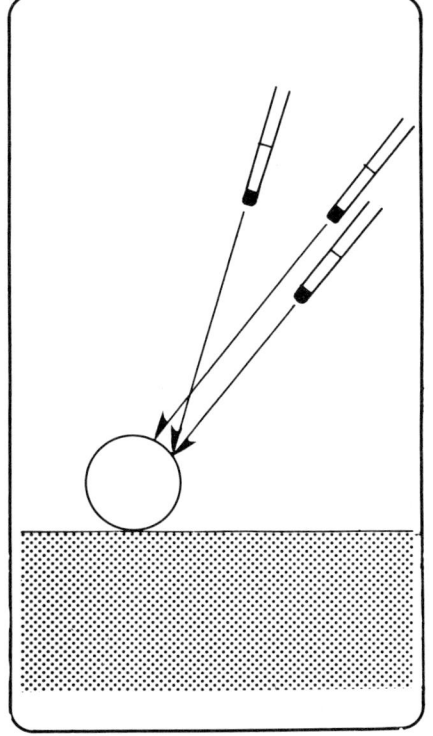

맛세를 실시할 때는
적구와 제2적구가 일직선 위에 있어 밀기나 끌기로도 잡을 수 없는 경우이다.
그림은 당점과 큐의 각도 관계이다. 맛세를 실시할 때 어디를 겨냥하면 좋은가가 중요한 포인트가 된다.

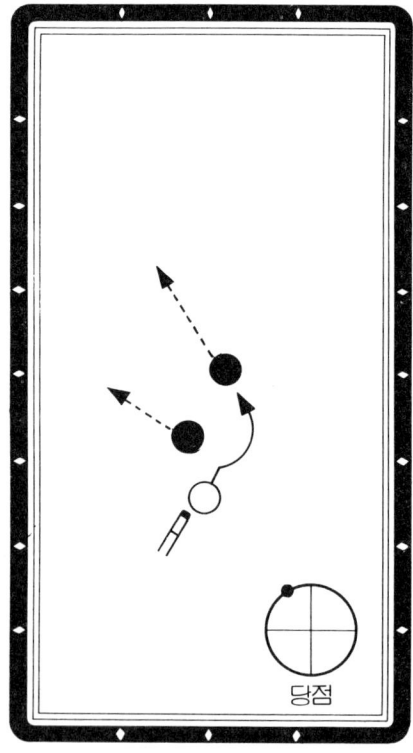

◈맛세의 겨냥법〔1〕

이 방법은 수구의 왼편 중간쯤을 65도 정도로 세워 큐를 세운다.

쳐내리면 적구의 오른쪽 3/4 정도의 곳에 맞고 그림의 선이 표시하듯 수구는 커브(曲折)하여 제2 적구의 정면에 맞는다. 적구에는 얇게 겨냥한다.

고급 기술편 133

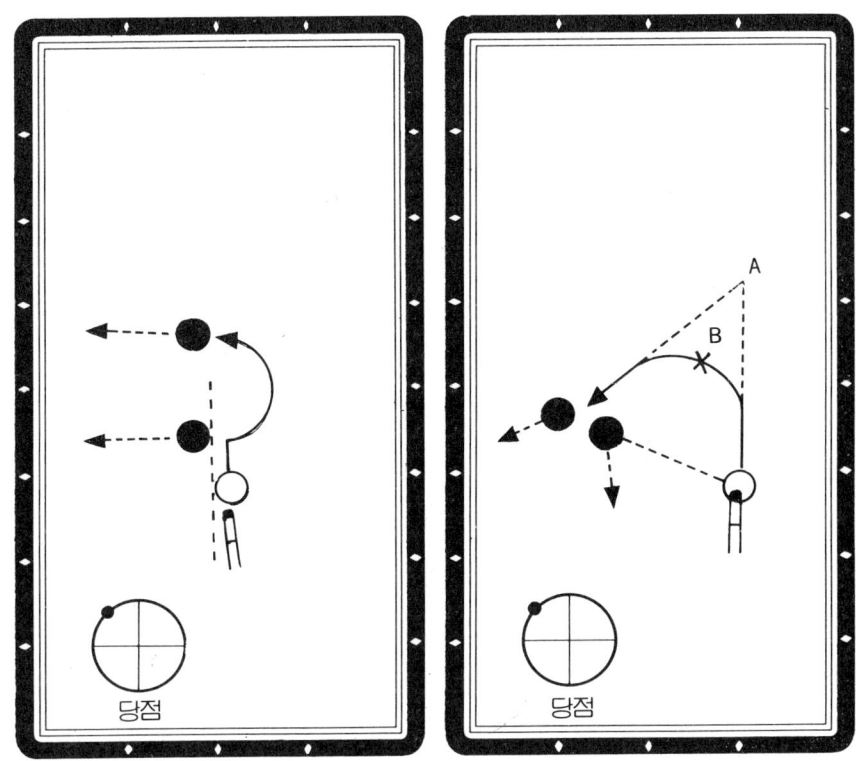

◈ 맛세의 겨냥법〔2〕 — 왼쪽 그림

 수구의 왼쪽의 접선(接線)과 적구 오른쪽의 접선이 동일하다 생각되는 수구·적구·제2적구의 배열도이다.
 왼쪽 위를 당점으로 하여 큐를 65~80도 정도로 세우고 쳐내면 제2적구에 제대로 맞게 된다.

◈ 맛세의 겨냥법〔3〕 — 오른쪽 그림

 이것은 옆으로 일직선으로 나란히 있는 경우의 맛세로 잡는 방법이다. 수구가 진행하리라 생각되는 코스(點線)를 상상하여, 그 정점 A보다 안쪽에 들어간 X표시인 B를 겨냥하여 큐를 내려친다.

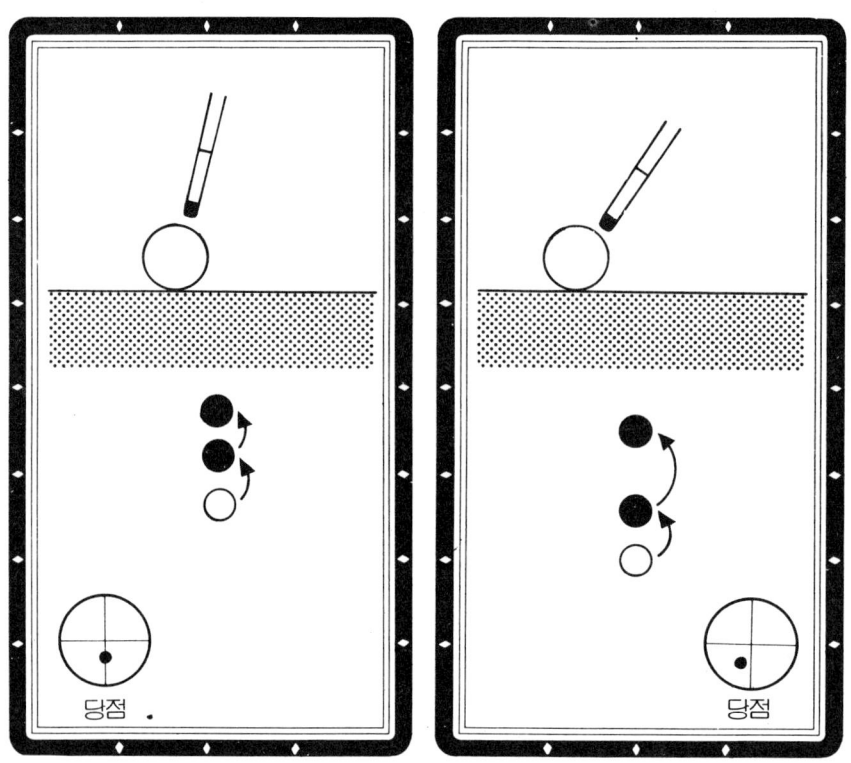

◈ 맛세의 겨냥법〔4〕 ─ 왼쪽 그림

이것은 맛세로 쳤을 경우에 수구의 진행 코오스를 설명한 것이다.

수구·적구·제2적구가 거의 일직선상에 같은 간격으로 나란히 있는 경우는, 수구의 위에서 보아 중심보다도 약간 바로 앞쪽을 친다.

◈ 맛세의 겨냥법〔5〕 ─ 오른쪽 그림

이것도 왼쪽 그림과 같은 형인데 수구와 적구의 간격보다도, 적구와 제2적구와의 간격이 벌어져 있는 경우이다.

큐의 각도를 약 65도로 세워, 위에서 보아 수구의 중심보다 약간 왼쪽 바로 앞을 친다.

↑ 보통의 맛세

이것은 적구·제2적구가 쿠션에 접근하고 있어, 수구가 겹쳐 있을 경우로, 일반적인 맛세의 예이다. 당점을 정확히 정하고 레스트(큐를 지탱하는 손)를 고정시켜 큐를 65~80도 정도로 세운다. 큐를 가볍게 잡고 내려치기도 가볍게 한다.

↓ 그란드 맛세

수구·적구·제2적구가 쿠션에 접해 있지 않은 맛세 잡는 법으로, 보통의 맛세를 마스터하면 구사할 수 있는 방법이다. 레스트가 쿠션에 닿아 있지 않으므로, 얼굴과 공과의 중간(空間)쯤에 위치하며, 그 손은 겨드랑이에 밀착시켜 흔들리지 않도록 한다.

↑ 끌기 맛세

보통의 끌어치기 방법으로는 공이 너무 접근해 있어 끌기가 어려울 때, 큐를 세워서 맛세를 이용하여 끌어치기로 하는 방법이다.

레스트는 보통 맛세로 잡는 방법과 같다. 당점은 제 2 적구가 있는 방향쪽의 수구 중심을 친다.

↓ 쿠션을 이용하는 맛세

이것은 적구와 제 2 적구와의 거리가 보통의 맛세보다 벌어져 있으므로 큐 세우기는 비스듬히 한다.

사진의 경우는 당점을 쿠션과 반대편으로 잡고, 큐를 조금 세계 내려친다. 기타는 보통의 맛세와 마찬가지이다.

③ 세 리

이것은 보클라인 경기를 제외한 4구 경기의 가장 고도한 기술로서 최대의 계속 점수를 따기 위한 유일한 기법이다.

아메리칸 세리라 불리우며 모아치기로 한 군데에 모은 공을 흩어지지 않도록 쿠션을 따라 이동하면서 타구하여 득점해 나가는 방법이다.

이 기술을 습득하면 4구 경기의 비결을 완전히 터득했다고 말할 수 있는 기법이다. 그러나 이 기법은 설명이 길어지며, 초심자에게는 무리한 기법이므로 여기서는 어떠한 것인가에 대해서만 소개하기로 한다.

세리공의 기본 배열이다. 쿠션과 적구의 중심선이 60도를 만드는 연장선 상에 제2적구가 위치하고 있다.

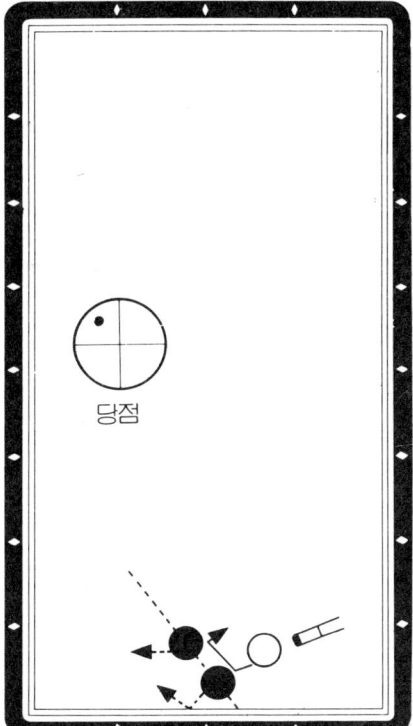

✥ 세리로 치는 법 〔1〕

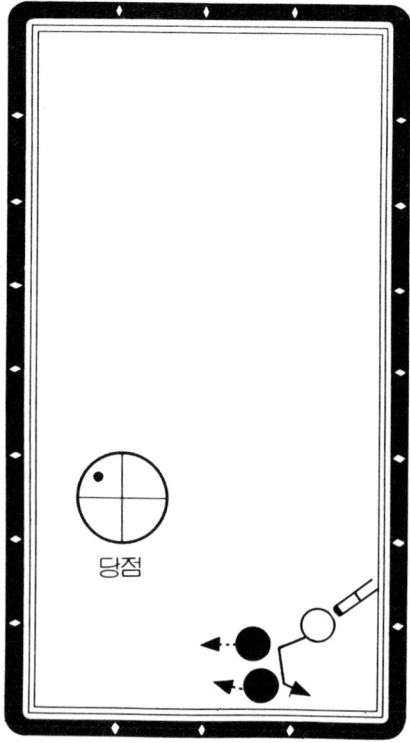

　우선 되도록 큐 끝쪽을 잡고 큐을 가볍게 내밀도록 한다.
　수구의 당점을 왼쪽 위로 잡고, 적구의 왼쪽 1/2에 가볍게 살며시 쳐낸다. 수구가 적구와 제 2 적구에 맞은 다음엔 다음 그림과 같이 된다.

❖세리로 치는 법〔2〕

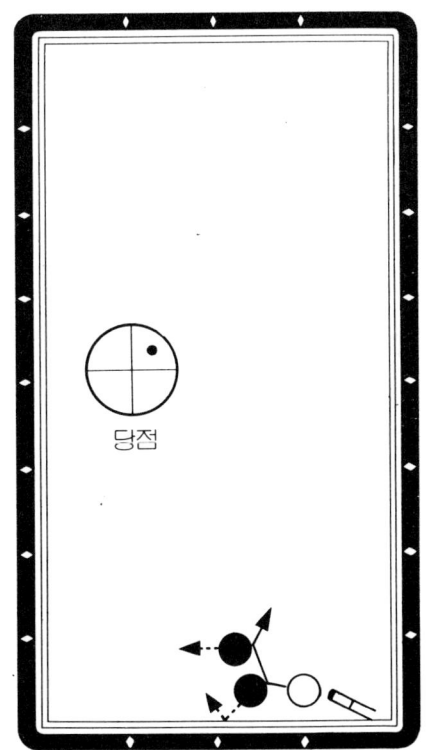

당점

이번에는 바로 앞쪽에서 수구의 오른쪽 위를 당점으로 하여, 적구의 오른쪽 1/2의 두껍기로 가만히 맞혀준다.

수구는 적구와 제2적구에 맞고, 구대의 중앙 방향으로 나가, 다음 페이지의 그림과 같은 위치로 간다.

✥ 세리로 치는 법〔3〕

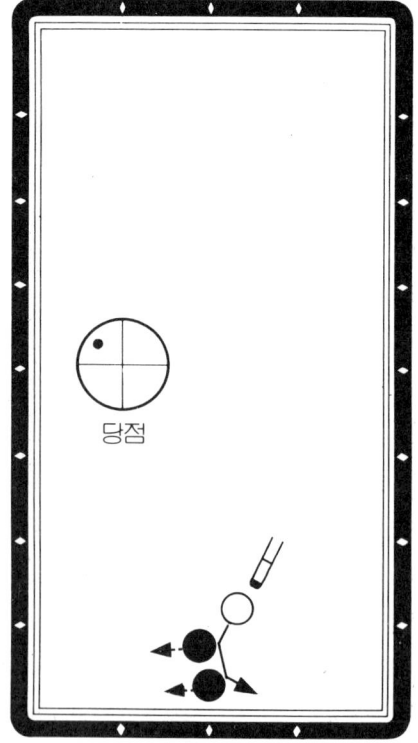

당점

이 위치에 수구가 와 있는 경우는, 수구의 왼쪽 위를 당점으로 하여 적구에 얇게, 왼쪽 1/4정도의 두껍기로 맞혀 준다.

이와 같이 하여 이 3종의 타구법을 되풀이하여 공이 흩어지지 않도록 하는 것이다.

제6장

포켓 경기편

아직 우리 나라에서는 보급 단계에 있어 일부 지역에서만 행해지고 있는 경기인데 머지 않아 일반에게도 확산될 추세이다.

보클라인이나 드리이 쿠션 경기와 함께 세계적으로 애호되고 있는 당구 경기의 대표라 말해도 과언이 아니다.

❷ 포켓 경기의 용구와 종류 ❷

포켓 경기는 4구나 3구와는 경기 방법도 다르며, 사용하는 테이블과 공도 다르다.

포켓 경기에 사용되는 공은 전부 16개이다. 그 중 1개가 수구(手球)이며 나머지 15개는 적구(的球)가 된다.

수구는 흰 색인데, 적구는 여러 가지 색으로 ①에서 ⑮까지의 번호가 찍혀 있다. 공의 크기는 4구나 보클라인에 사용되는 공보다 작으며 대체로 드리이 쿠션에 사용되는 공과 같은 정도의 크기이다.

포켓 경기 중에는 여러 가지 경기 방법이 있다. 로테이션 경기, 에이트 볼 경기, 콜 셧 경기, 14-1 래그 등 각종 경기가 있다.

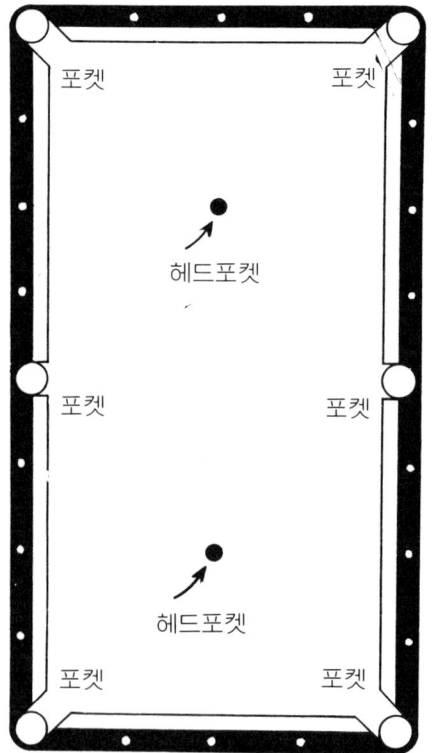

이것은 포켓 경기에 사용되는 당구대의 설명도이다. 이 구대에는 네 구석에 장 쿠션 중앙에 합계 6개의 구멍이 뚫려 있어, 이 구멍 안으로 공을 쳐 떨구어가는 경기이다.

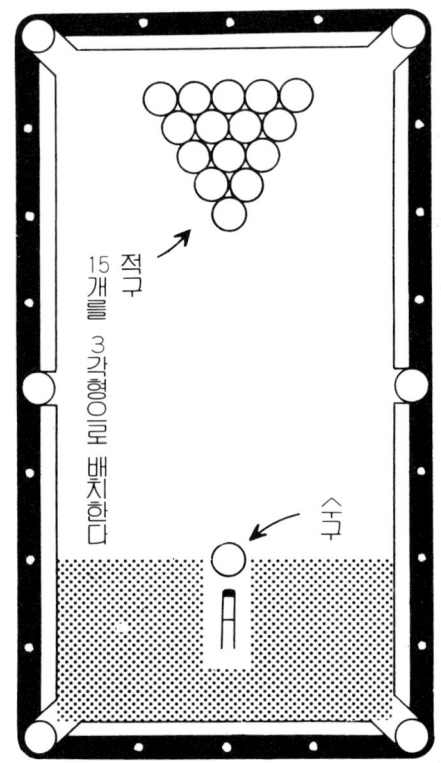

❷ 포켓 볼 경기의 서브 방법

15개의 컬러 볼이, 3각형으로 나란히 있는 반대편 단 쿠션쪽에 선다.

장 쿠션의 제2 포인트까지라면 어디서든 수구를 쳐 서브를 넣어도 상관없다.

① 로테이션 경기

로테이션 경기

이것은 포켓 경기의 대표적인 것으로 몇 명이든 플레이 할 수 있다.

이 로테이션 경기는 적구에 표시된 ①에서 ⑮번까지 수자가 적은 것부터 차례로 포켓에 떨구어가는 것이다.

즉, 구대 위에 있는 적구 중 수자가 제일 적은 공이 제 1 적구가 된다. 그리고 경기자의 제 1 구가 구대 위에 남은 최소 수자의 적구에 맞지 않았을 때는, 칠 사람이 교체된다. 또 공이 구대 밖으로 튀어 나갔을 때, 수구가 적구와 또 다른 공에 동시에 맞았을 때 등은 무효가 된다. 적구가 점프 되어 쿠션(테두리부를 포함) 위에 정지했을 때는 무효가 된다.

득점은, 경기자가 제 1 적구에 수구를 맞히고 6 개소의 포켓 중, 어디든 제 1 적구를 떨구었을 때 얻게 된다. 그러나 제 1 적구 이외의 공이 포켓에 떨어진 경우는 득점이 되지 않는다.

그러면 경기가 시작되었다 하자. 선공자는 우선 최소 수자인 ①의 적구를 맞히어야 한다. ①의 적구가 수구에 맞았다 해도 포켓에 떨어지지 않으면 치는 사람이 교체된다. 득점이 되었을 때는 계속 타구한다.

①의 적구가 포켓에 떨어지면 다음은 ②의 적구이다. 이렇게 하여 차례대로 수자가 큰 적구를 떨구어 나가는데 이미 ③, ④의 적구가 포켓에 떨어진 경우에는 ② 다음에 ⑤의 적구를 노리게 되는 것이다.

이때의 득점수는 적구의 수자가 그대로 득점수가 된다. 예를 들어, ⑤의 적구를 떨구었을 때는 5점이 되는데, ⑮의 적구를 떨구었을 때는 1개를 떨어뜨리고도 15점의 득점이 된다. 그러므로 한 사람의 경기자가 무효가 없이 전부를 다

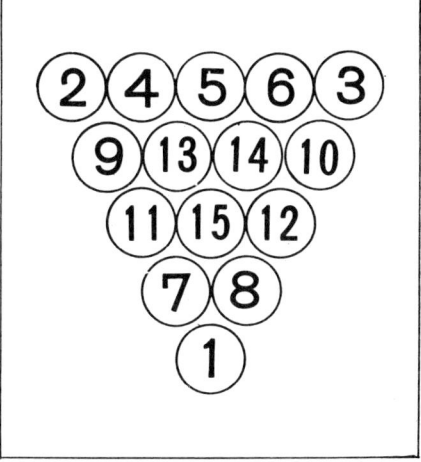

로테이션 경기의 공의 배치도

쳐냈을 때는 그 경기자의 득점은 120점이 된다.

그러나 실제로 한 사람의 경기자가 교체됨이 없이 120점을 다 쳐내기란 거의 불가능한 것이다. 그래서 2명이 경기할 때에는 사전에 각자가 자기 점수(持點)를 정하고 친다. 그리고 자기의 지점에 빨리 도달한 쪽이 승자로 정해진다.

이 경우의 경기도 어느 한쪽의 득점이 사전에 정한 지점(持點)에 도달할 때까지 계속된다.

② 에이트 볼 경기

이것은 포켓 경기의 초심자용 게임이라 할 수 있다. 2인용 즉 개인 대 개인이 하는 것이지만 조 대 조, 팀 대 팀으로도 할 수 있는 경기이다.

이 경기는 1개의 수구와 ①에서 ⑮까지의 번호가 있는 15개의 적구를 사용한다.

하이 볼과 로우 볼의 2조로 나누어, 그 한 복판의 ⑧의 볼을 맨 마지막에 포켓에 넣는 경기로 ⑧ 볼을 셧한 사람의 승리가 된다.

15개의 넘버 볼 중 ①에서 ⑦까지의 7개 로우 볼. ⑨에서 ⑮까지의 7개를 하이 볼이라 부른다. 볼의 ①에서 ⑧까지는 전부 컬러로 색칠이 되어 있으나, ⑨에서 ⑮까지의 공은 흰 공에 색띠를 감은 것 같이 되어 있다.

그런 뜻에서 로우 볼, 하이 볼의 호칭을 컬러 볼, 띠 볼이라 부르기도 한다.

경기의 진행 방법은 2명이 플레이 하는데 우선 서브의 위치를 정한다. 바로 앞 헤드 스포트에 수구인 흰 공을 놓고, 반대편 헤드 스포트에는 15개의 공을 그림과 같이 놓는다.

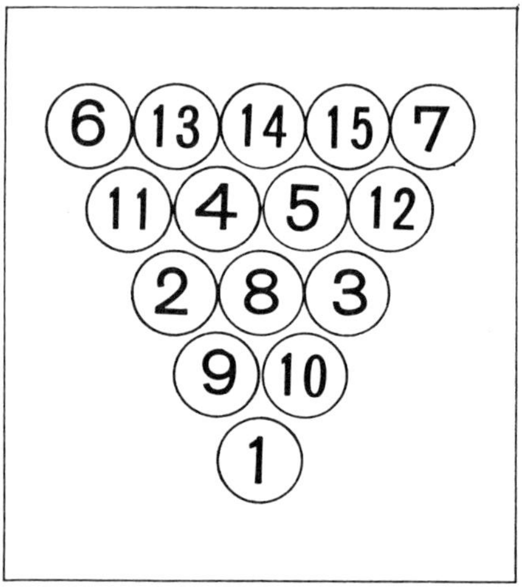

서브의 배치가 끝나면 선공, 후공을 정한다. 선공인 사람은 수구의 위치를 움직이지 말고 셧한다. 셧하여 포켓에 제일 먼저 들어간 공에 따라 짝(공의 組) 나누기가 정해진다.

즉, 셧하여 ④ 볼이 포켓에 들어갔다고 하면 그 사람의 지구(持球)는 로우 볼이 되어 ①에서 ⑦까지의 공을 포켓에 넣게 된다.

로우 볼의 사람은 수구가 반드시 처음에, 로우 볼에 맞도록 셧한다. 로우 볼에 맞고 그 탄력으로 하이 볼이 포켓에 들어간 경우는, 상대방의 득점이 된다. 이것은 하이 볼의 사람도 마찬가지이다.

에이트 볼 경기의 공의 배치도

수구가 자기의 지구(持球)에 먼저 맞지 않았을 경우,
수구(手球)가 포켓에 들어간 경우,
지구가 1개도 들어가지 않은 경우,
상대방의 지구가 들어간 경우,

는 모두 다 공격을 교체한다. 공은 한 번에 몇 개가 들어가도 상관없다.

이렇게 하여 빨리 자기의 지구를 전부 없앤 사람은, 최후에 검은 공(黑球)인 ⑧ 볼을 셧하여 포켓에 넣는다. 먼저 ⑧ 볼을 포켓에 넣은 사람이 승

포켓 경기편 147

에이트 볼 경기

에이트 볼 경기는 자기의 지구를 7개를 떨군 다음 ⑧볼을 떨군다.

리이다.

 그러나 이 ⑧ 볼을 셧 하기 전에 ⑧ 볼을 어느 포켓에 넣느냐를 그 때마다 지정하고 셧한다. 만약 지정한 포켓에 들어간 경우는 승리인데, 지정 외의 5개 포켓 어느 곳에나 들어간 경우는 그 사람이 지는 것이다.

 경기 도중에 ⑧ 볼이 포켓에 들어간 경우는 거기서 경기는 종료되며 ⑧ 볼을 넣은 사람이 지는 것으로 된다.

 서브에서 ⑧ 볼이 포켓에 들어간 경우는 그 사람의 승리로 되며 그 시점에서 경기는 종료된다. 여하튼 흑구인 ⑧ 볼이 포켓에 들어가면 게임은 그것으로 끝나는 것이다.

 이 경기는 승패의 결과 뿐이며, 점수와는 아무런 관계가 없다.

③ 14 — 1 래그 경기

 이 경기는 15개의 적구를 번호에 관계없이 포켓 해 가는 경기이다. 득점

14 — 1 래그 경기

은 1개 1점이다. 단, 떨구는 공과 포켓을 지정하여야 한다. 만약, 지정한 대로 포켓 하지 않으면 득점되지 않는다.

경기는 개인 대 개인 또는 조 대항, 팀 대항으로도 할 수 있다.

경기 개시 전 적구의 배치는 아래 도시한 그림과 같이 풋 스포트 위에 ⑮번 공을 놓아 그곳이 3각형의 정점이 되게 만든다. 공 놓는 법은 치는 사람쪽에서 보아 ①번 공을 왼편 모서리에, ⑤번 공은 오른편 모서리에 놓는다. 그외의 공은 일정하게 정해져 있지 않다. 즉 세 모서리의 3개 공을 제외하고는 자유롭게 놓아도 좋다.

초구는 뱅킹의 승자가 선택한다. 뱅킹의 승자는 상대방으로 하여금 초구를 강요할 선택권도 가지고 있다. 초구를 치는 사람은 수구를 헤드 라인 안의 자유로운 위치에 놓을 수 있다. 이 헤드 라인 안에 수구를 놓을 때의 조

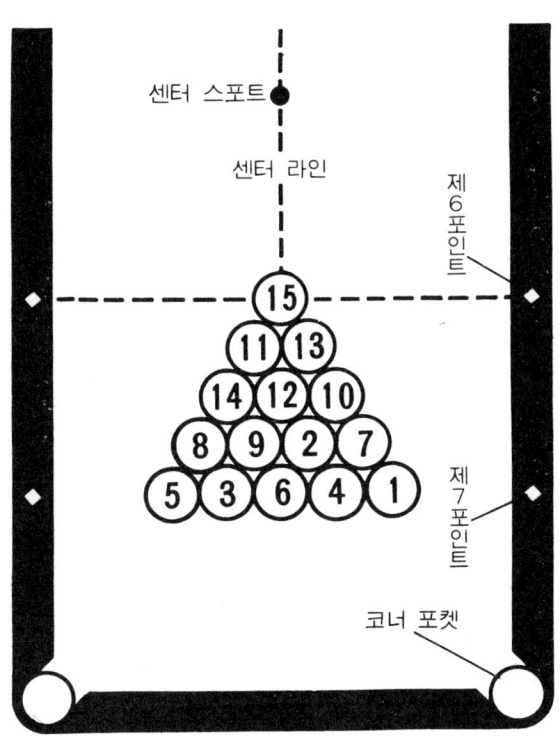

14-1 래그의 초구 배치법

건은 ① 경기를 개시할 때, ② 수구가 포켓에 떨어졌을 때, ③ 15개의 적구가 래그(포켓 경기에서 경기를 개시할 때 3각형으로 세트 된 공의 집단, 또는 세트 하는 틀)되어야 할 어떤 이유가 있는 경우 등으로 한정되어 있다.

초구를 치는 사람은 적구의 2개 이상을 쿠션에 넣든가, 공 포켓에 떨구지 않으면 안 된다. 단, 포켓에 떨군 경우라도 사전에 포켓과 공을 지정하지 않으면 무효가 된다.

이 초구의 규정에 경기자가 실패한 경우, 그 경기자는 마이너스 2점이 된다. 또 초구의 규정을 제대로 하지 못하고, 그후에도 계속 실패한 경우는 다시 2점을 상실한다. 그러나, 2개의 공을 쿠션에 넣고 수구가 포켓에 떨어진 경우는 그 회가 끝나며 1점을 상실한다.

초구를 치는 사람이 규정대로 초구를 쳤을 경우는 다음에 칠 사람이 그 상태로 경기를 이어나가야 한다.

14-1 래그는 콜 셧의 경기이다. 즉 득점하려는 공과 포켓을 지정하지 않으면 안 된다.

포켓 경기의 용구

포 오턴원 경기

이제 경기자가 수구와 포켓을 콜(指定)하고 그 공을 포켓 한 경우는 포켓 한 공에 대해서 1점이 부여된다. 또 지정한 공과 동시에 다른 공이 포켓 된 경우는 포켓 된 공에 대하여 각각 1점이 주어진다. 단 비합법적으로 포켓 된 공은 풋 스포트에 놓이게 된다.

포켓 경기편 151

　게임이 끝나고 다시 경기를 계속할 경우, ⑮의 적구는 구대 위에 브레이크 볼(게임 최초에 셧 하는 공 즉, 초구)로 남겨 둔다.
　컨티뉴언스 플레이(continuance play, 연속 행하는 경기)에 있어서는, 심판은 래그 한다. 그때 3각틀의 풋 스포트의 곳을 비어 놓고, 14개의 포켓 된 공을 래그 한다. 래그를 정확히 하기 위해 심판은 다른 공을 사용하여 3각틀 정점에 놓고 래그가 된 곳에서 그 공을 집어낸다.
　경기자는 반드시 수구로 브레이크 볼에 맞히지 않아도 좋다. 즉, 래그 된 적구의 어느 것부터 맞혀도 상관없다.
　경기자는 지정한 공에 수구를 맞히지 못하더라도 벌칙은 없다. 그러나 적어도 1개의 공에 수구를 맞히어, 그 공을 쿠션에 넣든가 또는 수구를 적구에 맞힌 다음 쿠션에 넣든가 어느 것이든 선택해야 한다. 이와 같은 규정을 지키지 못한 경우에는 파울이 선언되어 이닝이 끝난다. 그리고 경기자는 1점을 상실한다.
　또한 헤드 라인 안에서 경기자가 수구를 이동하는 경우, 적구가 모두 헤드 라인 안에 정지하고 있으면 라인에 가장 가까운 공을 풋 스포트에 이동한다. 그때 라인에서 같은 거리에 2개의 공이 있으면 번호가 적은 공을 풋 스포트에 이동한다. 그리고 경기자는 그 스포트에 옮겨진 공부터 쳐야 한다.
　이런 것이 14-1 래그의 주된 경기 방법이다.

14-1 래그경기

❖ 끌어치기 응용의 타구법

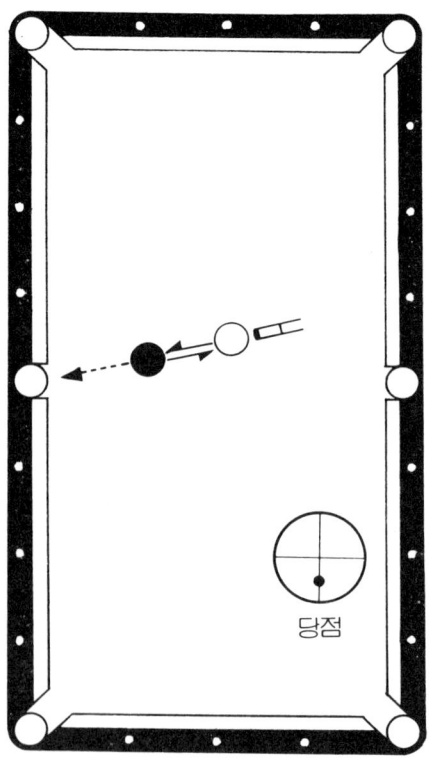

당점

　이것은 끌어치기 기술을 응용한 타구법이다. 잡는 법은 여러 가지 경우가 생각되지만, 이 예는 가장 일반적인 예이다. 수구의 중심을 쳐서 조금 세게 큐를 쳐내어 잡는다.

❖ 밀어치기 응용의 타구법

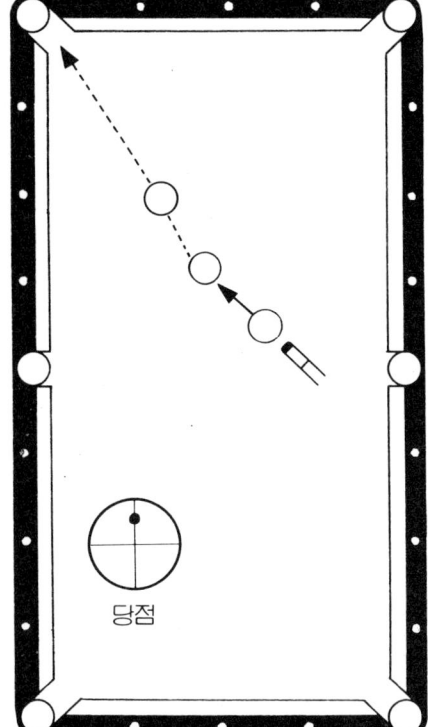

당점

밀어치기를 이용한 타구법으로, 수구의 중심을 세게 쳐 적구의 왼쪽 3/4의 두껍기로 섯한다.

수구가 너무 세면 제 2 적구와 함께 포켓에 들어갈 염려가 있으므로 주의한다.

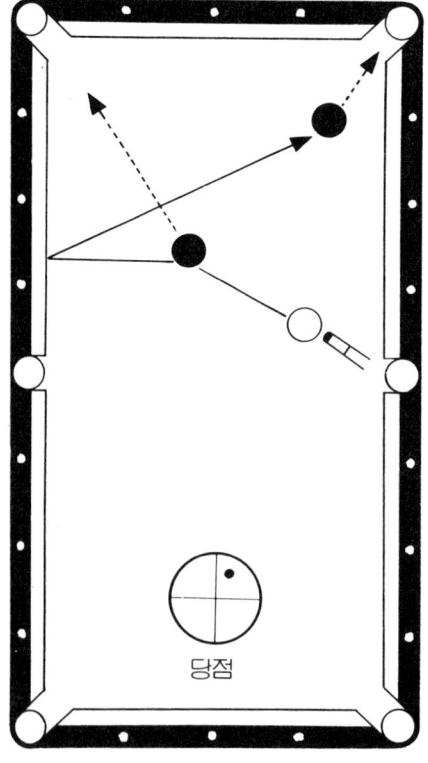

❖ 반사구(反射球)치기 응용의 타구법

당점

반사구를 이용한 타구법으로, 이것은 각기 공의 진로 거리가 상당히 있으므로 공이 많이 있을 때는 적당하지 않다.

적구의 왼쪽 2/3의 곳 오른쪽 위를 약간 세게 셧한다.

포켓 경기편 155

◈ 얇게치기
　　　응용의 타구법

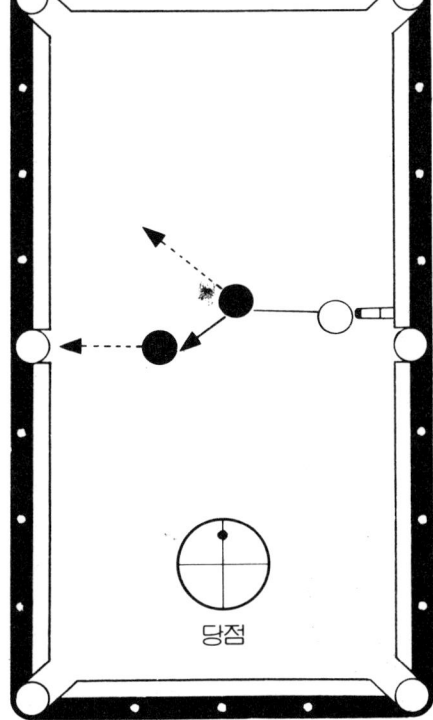

당점

　얇은 공 잡는 방법을 이용한 타구법이다. 이것이 가장 일반적인 타구법으로 비틀기를 되도록 가하지 않도록 하여 중심 위를 쳐낸다. 적구에는 극히 얇게 맞히도록 한다.

◈ 뱅크 타구법

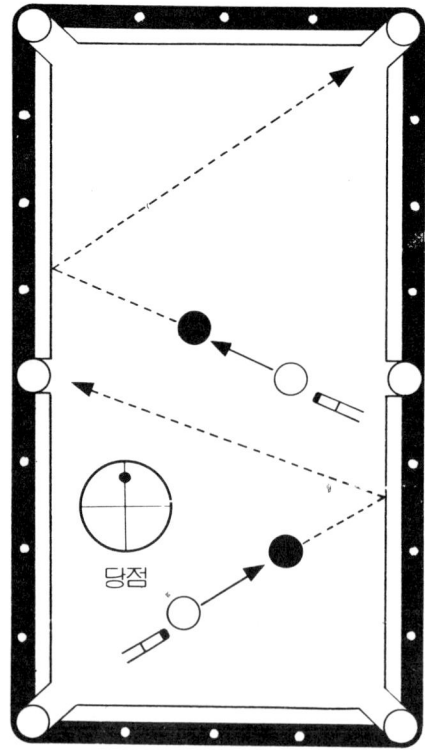

당점

적구를 쿠션에 한 번 넣었다가 포켓에 넣는 방법으로 이것을 잘 익히는 것이 이 포켓 경기 향상의 비결이다.

이것도 당점은 수구의 중심 위를 친다.

포켓 경기편 157

❖ 캐논 타구법

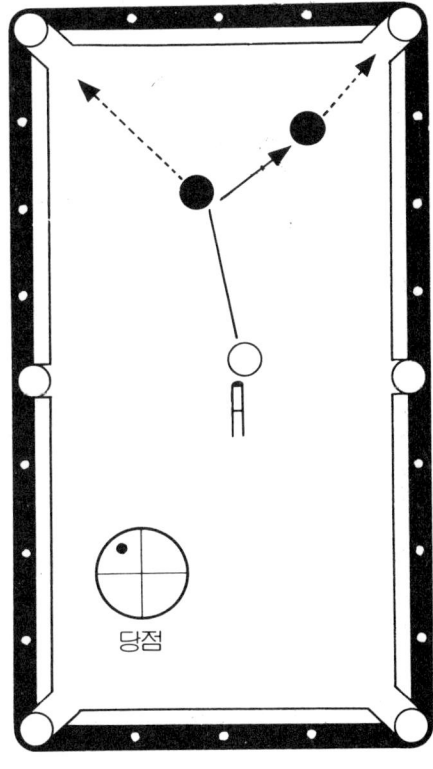

얇게치기 응용의 타구법과 흡사한데 이 경우에서는 삼각구(이지볼) 타구법과 흡사하다.
 당점을 수구의 왼쪽 위에 잡고, 적구에는 조금 두껍게 샷 하도록 한다.

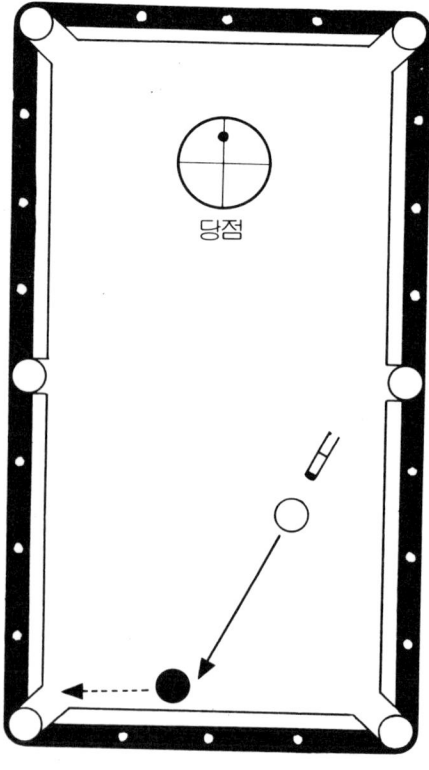

❖ 쿠션에 잇닿은 볼의 타구법

적구가 쿠션에 잇닿아 있든가, 접해 있는 경우의 타구법으로 좀 어려운 방법이다.

수구의 중심을 쳐서 적구와 쿠션과의 위치하는 각도가 65도쯤 되게 수구를 약하게 쳐낸다.

◈ 걸쳐치기
　　　응용의 타구법

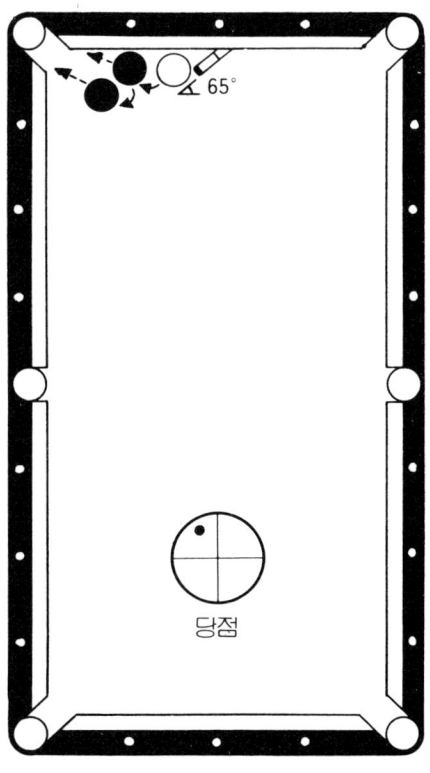

　　맛세를 응용한 포켓 플레이이다.
　　이 방법은 4구 경기와 같은데 포켓 경기의 경우는 공이 작고 가벼우므로 세게 쳐내지 않도록 주의한다.

기초에서 모아치기까지
당구 교본

엮은이 · 편집부
펴낸이 · 김철영
펴낸곳 · 전원문화사
157-033 서울시 강서구 등촌3동 684-1
에이스 테크노타워 203호
☎ 6735-2100 / Fax 6735-2103

등록 • 1977. 5. 23. 제6-23호

1판 21쇄 · 2011. 3. 20.

Copyright ⓒ 1986, by Jeon-won Publishing Co.

정가 • 7,000원

잘못 만들어진 책은 바꾸어 드립니다.
ISBN • 978-89-333-0108-9   03690